Das hört sich gut an

Das hört sich gut an

Ermutigungsbuch

SCM R.Brockhaus

SCM

Stiftung Christliche Medien

Umschlag: krausswerbeagentur.de, Herrenberg
Satz: Satz & Medien Wieser, Stolberg
Druck: AALEXX Buchproduktion GmbH, Großburgwedel
ISBN 978-3-417-26284-1
Best.-Nr. 226.284

Inhaltsverzeichnis

Teil I: Das hört sich gut an!

Hans Steinacker

Gastfreundschaft

Rabbi Schmuel von Brysow war einer der von seiner chassidischen Richtung am höchsten geachteten Männer. Und er war reich.

Eines Tages kam eine große Gruppe von Kaufleuten nach Brysow, und zwar kurz vor Sabbatanbruch, so dass sie sich entschlossen, den Festtag über in der Stadt zu bleiben. Sie kamen zu Rabbi Schmuel und erkundigten sich, ob sie in seinem Hause wohnen und das Sabbatmahl mit ihm teilen dürften. Rabbi Schmuel erwiderte, er könne ihnen beides anbieten, allerdings nur gegen Bezahlung, und dann nannte er sogar noch eine recht hohe Summe, die sie für ihren Aufenthalt zu bezahlen hätten.

Die Reisenden waren befremdet, dass ein Chassid für die Wohltat der Gastfreundschaft Bezahlung verlangte, aber da sie keine Wahl hatten, nahmen sie sein Angebot an. Und so aßen und tranken die Kaufleute über den Sabbat zur Genüge, ja verlangten sogar noch erlesene Weine und ausgewählte Speisen als Entgelt für den hohen Preis, den sie zu entrichten haben würden. Auch zögerten sie nicht, alle möglichen Sonderwünsche zu äußern.

Als der Sabbat vorüber war und die Kaufleute ihre Reise fortsetzen wollten, traten sie in Rabbi Schmuels Studierzimmer, um die vereinbarte Summe zu entrichten. Der aber brach in Lachen aus: »Glaubt ihr, ich habe den Verstand verloren? Wie könnte ich Geld annehmen für das Privileg, Reisenden Gastfreundschaft zu gewähren?« Die Kaufleute sahen einander verständnislos an: »Warum habt Ihr uns dann nur unter der Bedingung aufgenommen, dass wir Euch hoch bezahlen?«

Da erklärte Rabbi Schmuel: »Ich fürchtete, es könnte euch peinlich sein, auch genug zu essen oder die besten Weine zu trinken, wenn ihr euch nur als meine Gäste fühlt. Und – seid ehrlich, hatte ich nicht recht?«

Albrecht Gralle

Schokoladenkrümel

Mit Don Camillo hat alles angefangen.

Da sitze ich nämlich neulich im Zug Richtung Hannover und lese ein altes Buch über Don Camillo, während der Bahnsteig langsam hinter mir verschwindet.

Ich hatte das Buch vor der Reise entdeckt, ganz oben bei mir im Regal. Mindestens zwanzig Jahre ist es her, seit ich es zum letzten Mal gelesen habe. An viel konnte ich mich nicht erinnern. Der »Don Camillo« hat schon ein paar Eselsohren, stammt aus dem Jahr 1964 und enthält achtzehn Federzeichnungen des Autors.

Gibt es eigentlich etwas Schöneres, als gemütlich im Zug zu sitzen, mit einem Becher Kaffee neben sich, und ein unterhaltsames und zugleich anregendes Buch zu lesen?

Zwischendurch muss ich schmunzeln über diesen Priester, der mit dem Gekreuzigten redet, als sei er ein guter Freund von ihm. Wie er mit seiner Bauernschläue Gott auf seine Seite ziehen will und nicht merkt, dass der seine eigenen Pläne hat. Das Kapitel ist zu Ende. Ich lasse das Buch sinken und blicke entspannt nach draußen: Wogende Gerstenfelder mit ihrem silbergrünen, seidigen Glanz ziehen an mir vorbei. An den Rändern von rotem Mohn betupft. Im Hintergrund: ein Waldstreifen, der sich über eine gewellte Landschaft erstreckt und ein Dorf dahinter ahnen lässt. Keine richtigen Berge, sondern eher Hügel, die viel Weite und blauen Himmel zeigen. Niedersachsen im Sommer.

Eine Landschaft zum Ausruhen. Genial gestaltet, denke ich.

»Vielen Dank«, sagt jemand.

Erschrocken drehe ich mich um, sehe aber niemanden.

»Keine Angst. Ich bin's nur – Gott«, höre ich.

»Gott? Hier im Zug?«, flüstere ich entsetzt. Zum Glück sitzt niemand im Abteil, der mein Flüstern hören könnte. Wie kommt Gott hier in dieses Abteil?, denke ich. Bei Don Camillo war er doch immer in der Kirche. Oder bin ich vielleicht krank?

»Witzbold«, bemerkt Gott. »Ich bin nicht nur in Kirchen, sondern überall. Außerdem bist du nicht krank.«

»Dass du überall bist, leuchtet mir zwar ein, aber ...«

Aber was soll ich eigentlich tun? Eben habe ich mich noch über die göttlichen Gespräche Don Camillos amüsiert, und jetzt geht es plötzlich bei mir selbst los. Lesen ist gefährlicher, als ich dachte. Am besten, ich setze das Gespräch einfach fort und warte ab, was passiert.

»Ja, das ist auch das Vernünftigste«, meint Gott.

Ich räuspere mich und frage etwas mutiger: »Wo genau bist du nun eigentlich? Deine Stimme kommt von vorne links, aber könnte auch von hinten rechts kommen. Sprichst du in Stereo?«

»Ich bin im Raum, ohne im Raum zu sein«, sagt Gott.

Das ist mir dann doch etwas zu hoch und ich wechsle das Thema: »Diese Mischung von Weite und wenig Landschaft ... bringt mich richtig zum Entspannen.«

»Dazu ist das Ganze unter anderem ja da.«

»Aha.«

»Leider gibt es viel zu wenig Leute, die genießen, was ich geschaffen habe«, sagt Gott. Und ich habe den Eindruck, dass seine Stimme etwas traurig klingt.

Gerade biegen wir um eine Kurve. Der Wald weicht zurück und gibt die Sicht auf einen kleinen See frei, der ...

Hinter mir rüttelt jemand an der Tür. Ich drehe mich um und seufze unhörbar. Meine fantastische Unterhaltung wird brutal zerrissen von einem älteren Ehepaar, das in meinen kostbaren Dialog einbricht. Aber ich kann sie ja schlecht abweisen.

»Ist hier noch ein Platz frei?«, fragt der Mann, der trotz des warmen Wetters eine karierte Weste unter dem Anzug trägt und einen roten Kopf hat.

»Ja«, sage ich und zwinge mich zu einem höflichen Grinsen. Dann wende ich mich wieder der Scheibe zu und tue so, als ob ich draußen etwas unglaublich Wichtiges suche. Ich kann nur hoffen, dass die beiden Eindringlinge für sich bleiben und mich in Ruhe lassen.

Hinter mir fängt der Mann zu stöhnen an. Ich drehe mich wieder um und sehe, dass er vergeblich versucht, den Koffer auf die Gepäckablage zu heben.

Ich überwinde mich und stehe auf, verpasse ein paar Kubikkilometer herrliche Landschaft und wuchte den Koffer nach oben, was mir gerade noch so gelingt. Wahrscheinlich haben die beiden eine Ladung Kies in ihrem Koffer verstaut, um bei ihren Enkeln den Gartenweg zu sanieren.

Die Frau des Rotgesichtigen, mit Faltenrock, weißer Bluse und großen Eulenaugen, lächelt mich freundlich an. Ich lächle höflich zurück.

Dann setze ich mich und versuche krampfhaft, mich in die Stimmung von vorhin zurückzuversetzen. Aber es gelingt mir nicht, weil sich die beiden lautstark über Bahnpreise und Spartickets unterhalten.

»Du wirkst etwas verkrampft«, stellt Gott fest.

»Gut beobachtet«, sage ich bitter in Gedanken. Das Flüstern muss ich jetzt aufgeben. »Da komme ich endlich mal zur Ruhe und will mich gerade entspannen, beginne einen ... einen mystischen Dialog, und schon taucht Ehepaar Rotkopf-Eulenauge auf«, beklage ich mich.

»Ach komm!«, sagt Gott. »Vielleicht sind sie ja ganz nett. Schau sie dir doch mal unauffällig an.«

Ich setze mich wieder gerade hin und streife die beiden mit einem Blick.

Sie hat ihre Schuhe ausgezogen, legt das Zugmagazin als Unterlage auf den Sitz gegenüber und streckt ihre Beine aus. Die Waden, die ihre weißen Socken freilassen, sind durchzogen von Krampfadern.

»Ein herrliches Wetter«, sagt sie.

»Ja, ziemlich sommerlich«, nicke ich. Ihr Mann hat inzwischen seine Jacke ausgezogen und fängt doch tatsächlich an, seiner Frau die Füße zu massieren. Peinlich. Das Thema ihres Gesprächs dreht sich jetzt um Fußleiden und Reflexzonen, die mich im Augenblick überhaupt nicht interessieren, jedenfalls nicht bei diesen Füßen.

Ich wende mich wieder der niedersächsischen Landschaft zu, die unbeirrt an mir vorüberzieht. Irgendwie riecht es ein wenig säuerlich. Auch das noch! Ich könnte ja so tun, als ob ich aussteigen will und mir dann stattdessen ein leeres Abteil suchen, in dem ich ungestört ...

»Seid gastfrei ohne Murren«, sagt Gott zu mir. Na toll, denke ich. Sind wir hier etwa im Gottesdienst? Das hört sich ziemlich stark nach Bibel an. Ich vermute Paulus oder so ähnlich.

»Ich glaube nicht«, rede ich Gott an, der in Zügen sitzt, ohne in Zügen zu sein, »dass sich dieser Bibelvers auf Zugabteile bezieht ... Damals gab es nämlich noch keine Züge. Und wenn ich mich an meinen Religionsunterricht erinnere, gab es damals nur wenige Herbergen. Die Christen werden vermutlich aufgefordert, reisende Mitchristen übernachten zu lassen und ...«

»Bla, bla, bla«, sagt Gott. Also wirklich! Ich dachte bis jetzt, dass Gott theologisch ausgereifter sei.

»Kannst du dir vorstellen«, fängt Gott wieder an, »dass diese beiden eines meiner größten Kunstwerke sind?«

»Schwer vorstellbar«, muss ich zugeben, denke dabei an die Krampfadern, vergleiche sie mit den silbergrünen Gerstenfeldern mit Mohn und Weite und halte meinen Daumen symbolisch nach unten.

»Pass auf«, sagt Gott. »Biete ihnen doch mal etwas von deiner Schokolade an. Und warte ab, was passiert.«

»Ich soll was?«

»Deine Schokolade anbieten, bevor sie schmilzt.«

Dass Gott immer diese schrecklich praktischen Vorschläge macht! Mit den Zehn Geboten fing es ja schon an, und jetzt hat er ein neues Gebot erfunden: das Schokoladengebot! Meine Augenbrauen ziehen sich in der Mitte zusammen, als ich in meiner Tasche nach der Tafel suche.

»Ohne Murren«, sagt Gott.

»Ja, ja, ist ja schon gut!« Ich atme tief aus, versuche in meinem Inneren eine Art geistigen Hebel umzulegen, stelle mir vor, die beiden seien ein wundervolles Ehepaar und reiche ihnen meine Packung.

Erstaunt sehe ich, wie die Augen der Frau aufleuchten, wie der Mann mir wohlwollend zunickt und wir in einem leicht dahinfließenden Gespräch versinken.

Ich erfahre etwas von der verworrenen Geschichte ihrer Kinder: Der Sohn, arbeitsloser Akademiker, hat eine seltene Nervenkrankheit, lebt zeitweise in einem Landeskrankenhaus und beginnt eine Umschulung zum Reisebürokaufmann. Die Tochter hat es nach Havanna verschlagen, wo sie sich mit ihrem Mann und ihren drei Kindern über Wasser zu halten versucht.

»Da haben Sie ja nicht viel von Ihren Enkeln«, sage ich und muss meine Vorstellung vom Kies im Koffer aufgeben.

Die Frau, die von ihrem Mann mit Lisbeth angeredet wird, lächelt: »Wir schicken oft Pakete und bekommen lange Briefe mit Zeichnungen von den Kindern zurück. Das ist doch auch schon etwas, nicht wahr, Herbert?«

Herbert mit dem roten Gesicht nickt und meint: »Irgendwann wird sich unser Sohn vielleicht auch wieder fangen.«

Sie scheinen mit ihren Schwierigkeiten ganz gut umzugehen, denke ich, und meine Achtung steigt. Mir kommt es vor, als würden die Eulenaugen von Lisbeth nicht mehr ganz so unheimlich aussehen. Und ihre Stimme hat einen warmen Klang. Seltsam, wie schnell sich die Dinge ändern ...

»Innere Einstellungen verändern äußere Verhältnisse«, sagt Gott so nebenbei.

»Lesen Sie ein interessantes Buch?«, fragt Herbert.

Ich nicke. »Wahrscheinlich kennen Sie es: Don Camillo und Peppone.«

»Ach. Gibt es das auch als Buch? Wir haben nur die Filme gesehen.«

Klar, die Filme mit dem Pferdegebiss von Fernandel kennt fast jeder.

»Tja«, seufzt Lisbeth und kramt nach ihrem Strickzeug. »Man müsste mit Gott so reden können wie Don Camillo.«

Ich nippe an meinem lauwarmen Kaffee im Pappbecher und sage nur: »Das ist gar nicht so ungewöhnlich. Das könnte einem überall passieren.«

»Selbst in Zügen«, höre ich Gott, und in seiner Stimme schwingt ein Lachen mit.

Eine Zeit lang ist es still, ich greife wieder zu meinem Buch und lese weiter – bis ich höre, wie Herbert zu seiner Frau sagt: »Du hast da was am Mund, Lisbeth.« Und er wischt ihr einen Schokoladenkrümel weg. Zeichen einer langen, liebevollen Beziehung, denke ich.

»Wie gesagt«, schaltet sich Gott wieder ein. »Eines meiner größten Kunstwerke.«

Nach diesem Satz scheint er sich verabschiedet zu haben. Aber so richtig weg ist er ja nie. Wie hat er es vorhin ausgedrückt? »Ich bin im Raum, ohne im Raum zu sein.«

Ein Satz, der für jeden Vermieter eine Katastrophe wäre.

Jürgen Werth

»Ich muss Gott sein!«

Kennen Sie den Unterschied zwischen einem Hund und einer Katze? Ein Hund sagt: Du streichelst mich, du gibst mir etwas zu fressen, du gibst mir ein Dach über dem Kopf – du musst Gott sein. Eine Katze sagt: Du streichelst mich, du gibst mir zu fressen, du gibst mir ein Dach über dem Kopf – ich muss Gott sein. Da ist was dran, oder? Katzen kriegst du nie wirklich in den Griff, sie lassen sich nie wirklich zähmen. Katzen bleiben immer wilde Tiere, frei, unabhängig. Daran liegt es wohl, dass sich bei Katzen die Geister scheiden. Die einen lieben sie, die anderen hassen sie.

Ich liebe Katzen, warum, weiß ich auch nicht. Vor allem liebe ich Hugo, unseren Kater. Da lasse ich mir gerne gefallen, dass er mich gelegentlich als schlichten Futterlieferanten missbraucht. Herrlich, wenn er vorher minutenlang maunzt und mich dabei sehnsuchtig anschaut. Herrlich, wenn er mir um die Beine streicht. Herrlich, wenn er dann, wenn nichts mehr zu helfen scheint, auf den Esstisch springt, um mir unmissverständlich klarzumachen, dass ich mich jetzt bitteschön um ihn, und um ihn ganz allein zu kümmern habe.

Hugo und ich – manchmal denke ich, das ist so wie ich und Gott. Gott, ich geb's ja zu, ist für mich manchmal auch nur der Futterlieferant. Er hat für das zu sorgen, was ich zum Leben brauche. Und ich versuche ihn mit freundlichen Worten und mit sozialen Wohltaten zu bezirzen, versuche ihm deutlich zu machen, er solle sich doch jetzt bitteschön mal ganz alleine um mich kümmern. Und – Gott lässt sich genauso erweichen wie ich mich, wenn Hugo etwas zu fressen will. Natürlich, er gibt mir nicht immer genau das, was ich mir gewünscht habe, aber ich weiß schon, dass das nichts mit Nachlässigkeit zu tun hat, sondern im Gegenteil mit Aufmerksamkeit.

Gott möchte mir nur geben, was mir wirklich gut tut. Und auch, wenn ich mich manchmal so fühle, er weiß es ja doch besser. Nein, ich bin nicht Gott, ich bin nur ein einfacher Mensch. Er ist Gott und das ist auch gut so.

Os Guinnes

Zur Gemeinschaft berufen

Es gibt zwei Dinge, von denen oft gesagt worden ist, dass Menschen sie nicht direkt ansehen könnten, ohne dabei den Verstand zu verlieren – die Herrlichkeit Gottes und die Finsternis der menschlichen Bosheit. Nachdem er viele Jahre lang menschliche Grausamkeiten untersucht hatte, muss sich Philip Hallie, Professor für Philosophie an der Wesleyan Universität und Veteran des Zweiten Weltkrieges, dem Wahnsinn nahe gefühlt haben. Als er an einem Projekt über Grausamkeiten im Dritten Reich arbeitete, konzentrierte er sich auf die medizinischen Experimente, die Naziärzte an jüdischen Kindern in den Todeslagern durchgeführt hatten. Hallie schrieb später darüber:

»In all diesen Studien wiederholte sich das Muster, dass die Starken die Schwachen quälten, immer und immer wieder, so dass ich, wenn ich nicht fürchterlich wütend war, mich über die ständigen Wiederholungen der Verfolgungsmuster langweilte. ... Meine Studie vom angeborenen Bösen war zu einem Gefängnis geworden, mit Stäben aus meiner Verbitterung gegenüber der Gewalt, und Wänden aus meiner entsetzten Gleichgültigkeit gegenüber der langsamen Ermordung. Zwischen den Stäben und den Wänden ging ich hin und her wie ein Wahnsinniger ... Mit den Jahren hatte ich mich selbst bis in die Hölle durchgegraben.«

Während dieser Zeit stieß Hallie auf einen kurzen Artikel über eine kleine Stadt mit nur 3 000 Einwohnern in den Bergen Südfrankreichs, das scheinbar der einzige sichere Hafen für Juden im ganzen von Deutschland besetzten Europa war. Er las mit akademischer Objektivität in seinem Bemühen, Typen der Grausamkeit und Formen des Widerstands dagegen zu klassifizieren. Als er etwa in der Mitte der dritten Seite der Geschichte angelangt war, habe er plötzlich ein seltsames Gefühl auf den Wangen gespürt. Als er ein Stäubchen abwischen wollte, fühlte er Tränen – »nicht ein oder zwei Tropfen; die ganze Wange war nass!« Diese Tränen, schrieb Hallie, seien ein instinktiver Ausdruck moralischen Lobes gewesen. Was Hallie las, war die Geschichte der Bürger von *Le Chambon* und ihrer heldenhaften Rettung von mehr als 5 000 jüdischen Kindern im Zweiten Weltkrieg. Später schrieb er diese Geschichte als Buch nieder *(Damit kein unschuldiges Blut vergossen wird)*; es wurde zu einem modernen Klassiker und veranlasste einen seiner Leser zu dem Ausspruch: »Der Holocaust war Sturm, Blitz, Donner, Wind, Regen. Und Le Chambon war der Regenbogen.« Ja, schloss er, »mir wurde klar, dass auch für mich die kleine Geschichte von Le Chambon größer und schöner ist als der blutige Krieg, der Hitler stoppte.«

Was aus dieser Geschichte hervortritt, ist das Gestade des störrischen Mutes der Bürger von Le Chambon. Sie waren Hugenotten – französische Protestanten –, die von ihrem Glauben an Christus und der Erfahrung von 300 Jahren Verfolgung nach dem Widerruf des Ediktes von Nantes in Brand gesteckt worden waren. Und sie wurden geführt, gelehrt und ermutigt von ihrem unbeugsamen Pfarrer André Trocmé und seiner ebenso heldenhaften Frau Magda. Aber worauf man immer wieder stößt, ist ihr Charakter und die erdverbundene und nicht unsinnige Art ihres Glaubens. Viele Franzosen ließen sich durch die infame »Nacht-und-Nebel«-Propaganda täuschen, mit der die Deutschen die Todeslager versteckten. Aber die Bürger von Le Chambon taten einfach, was getan werden musste, was man sie gelehrt hatte, was Christus von ihnen erwartet hätte – sie beschützten und retteten ihre Nachbarn, die Juden, die in Gefahr waren.

Der Abend, an dem Pfarrer Trocmé selbst verhaftet wurde, erklärt die ganze Geschichte. Der Pfarrer und seine Frau waren zum Abendessen bei Kirchenmitgliedern eingeladen worden, und weil diese wussten, dass sie oft solche Einladungen vergaßen, sandten sie ihre Tochter ins Pfarrhaus, um noch einmal daran zu erinnern. Aber als das Mädchen das Esszimmer betrat, sah sie, wie die Polizei ihren Pfarrer gerade verhaftete. Diese Nachricht verbreitete sich im Dorf wie ein Lauffeuer: André Trocmé war verhaftet worden. Typisch für Magda Trocmé war jedoch, dass sie die beiden Polizisten zum Abendessen einlud. Freunde waren später völlig ungläubig und aufgebracht über sie. »Wie konntest du es über dich bringen, mit diesen Männern gemeinsam zu essen, die deinen Mann mitnehmen wollten, vielleicht sogar töten? Wie kannst du so vergebungsbereit, so anständig zu ihnen sein?« Madame Trocmé gab immer dieselbe Antwort: »Wovon redet ihr überhaupt? Es war Zeit zum Abendessen; sie standen mir im Weg; wir hatten alle Hunger. Das Essen war fertig. Was meint ihr mit solchen dummen Worten wie ›vergeben‹ und ›anständig‹?« Solch eine Antwort war typisch. Die Bürger von Le Chambon taten immer wieder Lob mit einem Achselzucken ab. Sie hätten Hallie ins Gesicht gesehen und gesagt: »Wie können Sie uns ›gut‹ nennen? Wir haben getan, was getan werden musste. Dinge mussten getan werden, das ist alles, und wir waren zufällig da, um sie zu tun. Sie müssen verstehen, dass es die natürlichste Sache der Welt war, diesen Menschen zu helfen.« Worte voll moralischen Lobes eines Außenseiters, so schloss Hallie, sind »wie ein etwas unbequemer Kranz, der einem von einer freundlichen, aber fremden Hand auf den Kopf gesetzt wird«.

Die Geschichte von Le Chambon ist ein rührendes, aber viel zu seltenes Beispiel von der Kirche Christi als tätige Gemeinschaft in der modernen Welt. Sie ist auch eine Erinnerung an eine Dimension der Berufung, die moderne Gläubige viel zu leicht vergessen – *der Ruf Jesu ist persönlich, aber nicht rein individuell; Jesus ruft seine Nachfolger nicht nur zu einem Einzelgespräch zusammen, sondern auch für eine gemeinsame Aufgabe.*

Os Guinnes

Lichtstrahlen Gottes

Ich habe schon von vielen Gründen gehört, warum Menschen vom Rand des Selbstmordes zurückschreckten, aber derjenige, der meiner Familie am nächsten liegt, ist zugleich wohl der ungewöhnlichste – die Faszination zu sehen, dass eine Arbeit gut gemacht ist.

Die junge Frau war 18 Jahre alt, sie hatte zwei kleine Kinder und war offensichtlich temperamentvoll, talentiert und schön. Aber sie war auch eine Waise, völlig mittellos, allein, weit weg von zu Hause und erst kürzlich durch ein Duell verwitwet, das ihr Land erschütterte und sie ins freiwillige Exil trieb. Daher konnte man Jane Lucretia D'Esterre ihre dunklen Gedanken vergeben, als sie über die Wasser des kleinen Flusses in Ecclefechan, Schottland, »nachdachte«. Schmerz durchströmte jede Faser ihres Seins. Verzweiflung erfüllte ihren Horizont. Der Tod winkte mit seinem Angebot des Friedens so verführerisch wie die stillen Tiefen des Wassers vor ihren Augen. Es war im Jahre 1815, dem Jahr von Wellingtons Sieg über Napoleon bei Waterloo. Duelle waren in England und Irland immer noch legal, obwohl sie gesellschaftlich mehr und mehr missbilligt wurden. Aber Jane Lucretia hörte erst von dem Duell, das ihr Leben in tausend Stücke riss, als Freunde ihren sterbenden Ehemann ins Haus trugen. Nach allem, was man hörte, war John Frederick D'Esterre, Kandidat für das Amt des Sheriffs der Stadt, ein mittelmäßiges Mitglied der Dublin Corporation, aber ein todsicherer Schütze mit der Pistole. Etwas voreilig jedoch hatte er Anstoß genommen an Daniel O'Connells Angriff auf die Gesellschaft und hatte den großen irischen Befreier zu einem Duell herausgefordert. O'Connell, fast doppelt so groß wie D'Esterre und Liebling des Volkes, weigerte sich zunächst, wurde aber schließlich dazu angestachelt, anzunehmen, obwohl er als schlechter Schütze bekannt war. Das schicksalsschwere Treffen fand zwölf Meilen westlich von Dublin an einem verschneiten Spätnachmittag im Februar vor den versammelten Kutschen der Dublin Corporation und einer Menge schaulustiger Bauern statt.

D'Esterre zog das Los und feuerte als Erster und verfehlte ungewöhnlicherweise sein Ziel – sein Schuss prallte am Boden an O'Connells Füßen ab. Dann schoss O'Connell, er zielte absichtlich tief, aber er traf D'Esterre in die Leiste. Der Champion der Gesellschaft fiel, sich windend vor Schmerzen, zu Boden und wurde nach Hause gebracht. »Mr. D'Esterres Verwundung wird als ernst betrachtet«, berichtete das *Dublin Journal,* »die Kugel wurde bis jetzt nicht entfernt.« Tatsächlich starb D'Esterre am nächsten Tag, nachdem er Worte der Vergebung gegenüber O'Connell gesprochen hatte, wie man es von einem echten Gentleman erwartete. O'Connell jedoch konnte sich nicht verzeihen. Er habe diese Tat für den Rest seines Lebens bereut, und man sagt von ihm, er habe von da an die Kommunion nur noch mit einem schwarzen Handschuh an der Hand empfangen, die den tödlichen Schuss abgegeben hatte. Als er die junge Witwe besuchte, bot er ihr einen Teil seines Einkommens an. Sie verweigerte dies mit stiller Würde, obwohl er dann doch 30 Jahre lang einen kleinen Jahresbetrag an ihre Tochter zahlte.

Jane Lucretia D'Esterre, geborene Cramer, stammte aus einer Musikerfamilie, wahrscheinlich jüdischer Herkunft, die aus Süddeutschland zunächst nach England und dann später nach Irland gekommen war. Ihr Vater war der Leiter der Hofkapelle von George III. und der Händel-Festspiele in Westminster Abbey. Ihr Halbbruder Johann war Pianist und von Händel so bewundert, dass, wie der große Komponist selbst sagte, »alles andere nichts war«. Aber nichts davon zählte an jenem Tag, als Jane D'Esterre in die dunklen Tiefen des Flusses starrte. Aus irgendeinem Grund jedoch sah sie auf und sah, wie ein junger Bauer am anderen Ufer auf einem Feld arbeitete. Er war etwa so alt wie sie, aber er sah sie nicht und auch nichts anderes als seine Arbeit. Gewissenhaft, vertieft und professionell verkörperte er einen solchen Stolz in seiner Arbeit, dass die neu gezogenen Furchen so akkurat waren wie die Pinselstriche auf der Leinwand eines Künstlers. Ungeachtet ihrer eigenen Stimmung war Jane Lucretia fasziniert. Langsam wurde sie von dem Stolz des Pflügers mitgezogen, bis Bewunderung in Verwunderung und Verwunderung schließlich in Zurechtweisung umschlug. Was tat sie hier, in Selbstmitleid versinkend? Wie konnte sie sich so in sich selbst verschließen, wo doch zwei kleine Kinder auf sie angewiesen waren? Getadelt und gewappnet stand sie auf, kehrte nach Dublin zurück und nahm das Leben wieder auf – gerettet vor dem Selbstmord und neu gestärkt für das Leben durch den Anblick einer gut gemachten Arbeit.

Ich sagte bereits, dass dieses Ereignis sehr ungewöhnlich war. Ich sagte auch, dass von allen Gründen, die ich kenne, warum jemand sich nicht selbst umbringt, dieser meiner Familie am meisten bedeutete. Die Erklärung ist ganz einfach: Jane D'Esterre war meine Ur-Ur-Großmutter. Ein paar Wochen nach diesem Beinahe-Zusammenstoß mit dem Tod kam sie zum Glauben. Ein paar Jahre später lernte sie meinen Ur-Ur-Großvater, Hauptmann John Grattan Guinness, den jüngsten Sohn von Arthur Guinness, einem Bierbrauer aus Dublin und früheren Offizier unter dem irischen Landsmann Arthur Wellesley, dem Herzog von Wellington, kennen und heiratete ihn. Wenn es dieses Duell nicht gegeben hätte, wäre unsere Seite der Familie nicht entstanden. Wenn der Pflüger nicht gewesen wäre, wäre die Tragödie des sich duellierenden Ehemannes von der Tragödie der Witwe des Duellanten fortgeschrieben worden. Sie war von getaner Arbeit auf eine besondere Art und Weise gefangengenommen worden. Meine Ur-Ur-Großmutter war aus vielen Gründen eine ungewöhnliche Frau – einschließlich der Tatsache, dass sie ganz bewusst für ihre Nachkommen bis hinunter in die letzte Generation betete. Aber die Einmaligkeit ihres Anlasses, vom Selbstmord zurückzutreten, zeigt wieder eine andere bedeutende Dimension der Berufung auf. Nichts ist uns bekannt von dem schottischen Bauernsohn, außer dem, was in seinem Pflügen sichtbar wurde und was man an seinem Liederpfeifen während der Arbeit ablesen konnte. Aber wenn man die allgemeine Motivation dieses christlichsten aller Jahrhunderte in Schottland kennt, bleibt nicht viel mehr zu sagen, als dass diese Begebenheit unterstreicht, *wie Berufung Leben verändert, so dass sogar das Alltägliche und Niedrigste mit der Pracht des »Gewöhnlichen« ausgestattet wird.*

Teil II: Gott sei Dank!

Albrecht Gralle

Badewanne und Sonnenaufgang

Wenn es mir richtig schlecht geht und ich durchhänge, dann hilft mir ab und zu ein Bad in der Wanne mit viel Schaum. Ich lasse dann meine Gedanken los und versuche mich zu entspannen.

So ein Badewannentag ist heute. Den ganzen Tag über war nicht viel mit mir los. Vielleicht schleppe ich auch eine Krankheit mit mir herum. Alles, was ich erledigen wollte, hat nicht so recht geklappt, und nachmittags bin ich beim Ausparken gegen einen dieser blödsinnigen Betonkübel gefahren, die man nicht sieht, wenn man rückwärts fährt.

Also lasse ich mir Wasser in die Wanne. Doch obwohl ich denke, dass es okay ist, zwickt mich mein schlechtes Gewissen: Wäre es nicht umweltverträglicher, zu duschen oder irgendetwas Nützlicheres zu machen, anstatt sich faul im warmen Wasser zu räkeln?

»Das ist doch das Letzte«, höre ich Gottes Kommentar.

»Ah, da bist du ja wieder«, sage ich mit niedergeschlagener Stimme. »Weißt du, Gott, mir geht es nicht so besonders gut, und da wünschte ich mir einfühlsamere Kommentare als: Das ist doch das Letzte. Würde das ein richtiger Freund machen? Ich sag's nur mal so ...«

»Und ich«, sagt Gott, »wiederhole meine Bemerkung von vorhin: Das ist doch das Letzte!«

»Lieber Gott«, sage ich müde. »Tut mir leid, aber ich bin jetzt nicht in der Lage, mich mit dir auseinanderzusetzen.«

»Das brauchst du auch nicht. Ich wollte dir nur sagen, dass ich es unmöglich finde, wie du dir selbst ein Stück Lebensfreude abschneidest!«

Ich stecke meine Hand ins Wasser – es ist noch zu heiß – und lasse kaltes dazulaufen.

»Wo schneide ich mir denn ein Stück Lebensfreude weg?«, frage ich nicht gerade begeistert.

»Da habe ich nun extra das Element Wasser erschaffen«, fängt Gott an, »habe Ingenieuren die Idee eingegeben, wie man unkompliziert ein Heizungssystem aufbaut, damit man Wasser erhitzen kann, habe die Haut des Menschen so beschaffen, dass wohlige Wärme entspannend wirkt, habe Menschen vor Jahrtausenden inspiriert, Badewannen herzustellen. Und nachdem nun das alles zusammengekommen ist, sich sogar in deinem Haus befindet und du dich müde und fertig nach einem heißen Bad sehnst, lässt du dich von ein paar blödsinnigen Gedanken herunterziehen und vermiest dir den Genuss an einem heißen Bad.«

Die Temperatur ist jetzt genau richtig. Ich ziehe mich aus und lasse mich mit Behagen in den Schaum gleiten.

»Ach, so war das gemeint ... Siehst du, in meinem müden Zustand habe ich gedacht, dass du mich kritisieren wolltest.«

»Mein Freund. Manchmal bin ich einfach traurig, dass du dein Leben so wenig genießt. Wann hast du zuletzt einen Sonnenaufgang betrachtet? Wann hast du zuletzt mit deiner Tochter einen guten Film gesehen? Wann hast du dir etwas wirklich Schönes zum Anziehen gekauft? Wann warst du das letzte Mal mit deiner Frau essen? Und warum verbietest du dir ständig, von guten Dingen zu träumen?«

Ich schließe die Augen und sage nur: »Danke. Es tut gut, wenn man mal zwischendurch von ganz oben die Erlaubnis erhält, sein Leben zu genießen.«

Eine halbe Stunde später habe ich plötzlich eine Idee, treffe meine Vorbereitungen, gehe ins Bett und lese neben meiner Frau noch in einem Buch, bis mir die Augen zufallen.

Um fünf klingelt der Wecker. Meine Frau schreckt hoch. »Was ist denn los?«

Ich werde allmählich wach und richte mich auf. »Ich hab den Wecker so früh gestellt, um den Sonnenaufgang zu erleben.«

»Bist du verrückt geworden?«, murmelt sie halb im Schlaf.

»Nein, ich genieße mein Leben.«

Sie stöhnt und richtet sich dann auch auf.

»Wenn das so ist, komme ich mit.«

Wir ziehen uns schweigend an: Pullover, feste Hose, Mantel, Schal. Ich nehme meinen Rucksack mit, wir setzen uns ins Auto und fahren den Hügel in der Nähe unseres Hauses hinauf. Draußen liegt noch eine dünne Schicht Restschnee. Es sieht zwar wie Winter aus, aber immerhin ist es jetzt Anfang März, die ersten Schneeglöckchen und ein paar Winterlinge wachsen schon in unserem Garten. Der Himmel ist auch nicht mehr tiefschwarz, sondern grau wie Blei. An einer Stelle sehen wir hellgraue Streifen, als ob ein betrunkener Maler mit einem breiten Tapezierpinsel über den Himmel gewischt hat.

Ich schalte die Scheinwerfer aus, wir klettern aus dem Wagen und gehen am Waldrand entlang weiter nach oben. An den Tannenzweigen haben sich noch ein paar Schneeklumpen gehalten.

Unmerklich verbreiten sich am Himmel die hellgrauen Striche, und über dem Horizont erscheint eine furchtbar kitschige, rosafarbene Spur, die aber in Wirklichkeit gar nicht kitschig ist. Sie wäre nur kitschig, wenn man eine Postkarte davon herstellen würde.

Wir bleiben stehen und betrachten stumm den Himmel, bis uns kalt wird und wir uns gegenseitig wärmen. Innerhalb von Minuten geht das Rosa in Pink über, in Orange, und dann schiebt sich ein zitterndes leuchtendes Licht in unser Blickfeld: der obere Rand der Sonnenscheibe.

Wir bleiben, bis die Sonne in ihrer ganzen Pracht zu sehen ist.

Dann krame ich in meinem Rucksack, hole eine Thermoskanne mit Tee, die ich abends vorbereitet habe, und gieße ein.

Warm rinnt der Tee die Speiseröhre hinunter und wärmt uns von innen.

Jetzt müssen wir uns schon abwenden, weil das Licht zu stark wird.

Wir steigen wieder ins Auto und fahren stumm zurück, und ich denke: Es ist gut, einen Freund zu haben, der jeden Morgen eine Extravorstellung seiner Kunst zum Besten gibt. Eigentlich schade, dass man viel zu wenig darauf achtet.

Jürgen Werth

Möhren, Eier und Kaffeebohnen

Es ging ihr so gar nicht gut. Sie erzählte es ihrem Vater. Der ging mit ihr in die Küche. Dort setzte er drei Töpfe mit Wasser auf den Herd. In den ersten warf er ein Bündel Möhren, in den zweiten legte er ein paar Eier, in den dritten schüttete er eine Handvoll Kaffeebohnen. Zwanzig Minuten später nahm er die Töpfe vom Herd und legte die Möhren in eine Schüssel, die Eier auf einen Teller. Aus dem dritten goss er duftenden Kaffee in eine Tasse.

Die Möhren, erst hart und holzig, waren weich geworden. Die Eier, erst zart und zerbrechlich, waren nun fest und widerstandsfähig. Die Kaffeebohnen hatten sich selbst kaum verändert, aber das Wasser. »Was bist du?«, fragte der Vater seine Tochter verschmitzt. »Eine Möhre, ein Ei oder eine Kaffeebohne?«

Und dann erklärte er ihr, was das alles mit ihrer schweren Situation zu tun hatte. »Der eine wird durch schwere Lebensphasen weich, wird offen für Gottes Gnade und seine Barmherzigkeit, offen auch für andere Menschen. Lernt, gnädiger und barmherziger mit ihnen umzugehen. Und mit sich selbst. Ein anderer wird durch schwere Lebensphasen krisenfest, lernt Treue und Ausdauer, wird vielleicht sogar einer, der anderen Halt geben kann. Und ein Dritter geht durch solche Phasen scheinbar unbeeinflusst und unerschüttert. Aber er verändert seine Umgebung. In jeder Krise arbeitet Gott an dir. Liebevoll und fürsorglich. Verändert er dich. Und deine Umgebung gleich mit. Krisen sind keine Katastrophen.«

Ich will das nie vergessen: Gott hat Gutes im Sinn. Immer. Mit mir. Mit den Menschen, die mir am Herzen liegen. Mit meiner Gemeinde. Mit der Welt. Bei ihm sind wir in guten Händen.

Albrecht Gralle

Das nur nebenbei

»Hörst du mich?«

Gott meldet sich wieder einmal bei mir. Ziemlich unpassend, ich bin nämlich heute dran, das Mittagessen zu kochen und setze gerade den Reis auf. Aber gut. Frauen können ja auch gleichzeitig beim Kochen telefonieren. Es müsste also auch für Männer möglich sein, zwei Dinge gleichzeitig zu bewältigen.

»Ja, ich höre dich.«

»Hast du gerade Zeit?«, fragt Gott.

»Na ja, du siehst doch, dass ich mit dem Kochen anfange, aber wenn ich den Reis aufgesetzt habe, denke ich schon, dass wir reden können.«

Ich schütte zwei Becher Basmati-Reis in den Topf, die doppelte Menge Wasser dazu, streue etwas Salz in das Ganze und stelle die Herdplatte an.

»Ich höre.«

»Es gibt im Grunde nichts Großartiges, was ich dir sagen will.«

Ich stutze.

»Willst du mich auf den Arm nehmen, Gott? Erst deine große Ankündigung, du unterbrichst mich bei der Arbeit, ich denke, dass nun etwas ganz Besonderes kommt, und dann: *Es gibt nichts!*«

»Ich habe nicht gesagt: Es gibt nichts, sondern: nichts Großartiges.«

»Was ist es denn nun?«

Ich fange schon an zu zweifeln, ob ich mir diesmal Gottes Stimme nicht einbilde, und drehe die Hitze auf der Platte zurück, denn das Reiswasser kocht. Man kann die Platte im Grunde ganz ausmachen, denn der Reis bereitet sich jetzt selber zu und ist in zwanzig Minuten servierfertig. Kein Abgießen, wenn man genau die doppelte Menge Wasser nimmt. Das nur nebenbei.

»In deinen Augen ist es vielleicht nichts Großartiges, was ich dir zu sagen habe«, meint Gott. »In meinen schon.«

»Du machst es wirklich spannend«, sage ich und fange schon einmal an, den Tisch zu decken. Von gestern ist noch eine gute Portion Gulasch übrig, die ich nachher nur aufwärmen muss.

»Weißt du«, sagt Gott in einem seltsamen Plauderton. »Ich wollte mich bei dir melden, weil mir die bewusste Nähe zu dir gut tut.«

Ich bleibe verblüfft stehen, mit einem leeren Glas in der Hand.

»Meinst du das wirklich ernst?«, frage ich und hole das Besteck aus der Schublade. Dabei fällt mir ein, dass ich noch eine Schüssel Salat zubereiten könnte. Ich frage mich auch, ob nicht dieses neue Gespräch nur einer seiner pädagogischen Tricks ist, um mir etwas beizubringen.

»Es ist kein Trick«, schaltet sich Gott wieder ein, und mir wird wieder einmal klar, dass man vor ihm nichts verbergen kann. Man wird bei ihm zur absoluten Ehrlichkeit erzogen.

»Aber ... aber ich kann es kaum glauben, dass du meine Gesellschaft ... brauchst oder gut findest.«

»He! Schon vergessen, dass wir Freunde sind? Und Freunde genießen nun mal die Nähe des anderen, auch wenn sie gar nichts sagen.«

Ich kann mich mit dem Gedanken immer noch nicht anfreunden, dass Gott mich tatsächlich und nicht nur zum Schein liebt. Und es stimmt natürlich: Wenn man jemanden liebt, dann ist man gerne in seiner Nähe. Ich hole einen Kopf Eisbergsalat aus dem Kühlschrank und schneide ihn zurecht.

»Okay«, sage ich, »wenn du mein Freund bist, dann ist es eigentlich klar, dass du gerne in meiner Nähe bist, aber: Das bist du doch sowieso immer.«

»Das stimmt«, antwortet Gott, »aber eher im Verborgenen. Ich halte mich zurück. Und wenn ich dann jemand treffe, mit dem ich ganz bewusst zusammen sein kann, der mich als Freund akzeptiert, dann genieße ich das.«

Ich finde im Kühlschrank noch drei Tomaten und schneide sie in Stücke.

Plötzlich spüre ich, wie mich ein wohliges Wärmegefühl durchrieselt.

»Kommt das von dir?«, frage ich.

»Ich habe dich gerade geistig umarmt«, sagt Gott.

Ein bisschen verlegen bin ich schon. Aber es hat mir sehr gut getan. Ich merke, dass ich mich stark und gut fühle.

»Danke«, flüstere ich leise und suche nach dem Olivenöl.

Bianca Bleier

Ein halbleeres Glas ist auf jeden Fall positiv!

6.15 Uhr: Der Wecker klingelt. »Schon wieder ein Tag vorbei«, muffle ich Richtung Werners Bettseite. »Schon wieder ein neuer Tag!«, grinst der, unerträglich optimistisch. Ich schleppe mich ins nächste Zimmer. »Guten Morgen, Jan!« Jan brummt, umringt von einem Rudel Stoffhunde. »Tut mir leid, Mama. Ich schlaf noch.« Ich muss schmunzeln. Seine Gegenwehr ist nur halbherzig und zehn Minuten später torkelt er runter zur Küche. Er stolpert: »O Mann, blöde Hausschuh!« »He, Jan, ich bin eine Frau und das sind meine Hausschuhe!« »O liebe Hausschuh! Charly, mein Großer! Darf der Hund mir guten Tag sagen? Cindy! Miau! Wenn sie halt nicht will, will sie halt nicht. Mama, wo ist mein Schlüssel?« Das Haus erwacht zum Leben …

Jeden Morgen, wenn nacheinander alle das Haus verlassen und sich jeder auf seine Art von mir verabschiedet, fliegen mich zwei Gefühle gleichzeitig an: Bangen, ob wir uns gesund wiedersehen, und Erleichterung, allein zu sein. Werner geht meist zuletzt und wirbelt eine Weile herum, bis er Schlüssel, Handy, Geldbeutel und elektronischen Timer beisammen hat. Manchmal braucht er dafür zwei Anläufe, dann klingelt er noch mal, küsst mich, drückt mich, stöhnt im Hinblick auf die eine oder andere Sitzung und weht davon. Jetzt gehört der Küchentisch mir. Ich schiebe die Tageszeitung zur Seite und breite meine Siebensachen aus: Bibel, Tagebuch,

Gebetstagebuch, Buch, Zeitschriften. Ich liebe es, vor der Arbeit eine Pause zu machen. »Pause« kommt von innehalten. Meinen Geist nach innen halten. An manchen Tagen ist diese Stille am Morgen die einzige Stille gewesen.

Wieder ein Tag ... Wieder eine neue überschaubare Zeiteinheit, die mir gegeben ist, um sie zu gestalten, mit Leben zu füllen, sie auszukosten, vorüberziehen zu lassen und am Ende wieder zurückzugeben. Eine Zeit voller Alltag und ungewöhnlicher Momente, je nachdem, worauf ich meinen Blick fokussiere.

Eine Freundin möchte mich treffen, aber sie will ihre sichere Winterhöhle nicht verlassen. Sie hat Angst vor draußen und verspricht sich nichts davon. Sie verabscheut Kälte und interessiert sich nicht für Hunde. Wir verabreden uns zum zweiten Frühstück und ich ziehe mit dem Hund alleine los.

Als ich mit Charly am See ankomme, raubt mir der Anblick fast den Atem. Die Sonne, die genau mir gegenüber gerade über den Dächern aufsteigt, taucht den kleinen See durch die Wolkendecke hindurch in weißes Licht. Gras, Schilf, alles ist weiß von Raureif. Aus dem See steigen weiße Nebelschwaden, die auf mich zuwehen. Ich gehe vor ans Ufer und habe das Gefühl, in den Wolken zu stehen. Ich wüsste gern, wie sich das anfühlt, in diesen Nebel einzutauchen, ob es kalt und feucht ist, wie es riecht. Ich beuge mich vor, aber der Nebel teilt sich und zieht in einem Strudel an mir vorbei. Dadurch gerät der ganze See in Bewegung. Daheim gebliebene Vögel plaudern leise untereinander.

Ich begegne keinem Menschen. Ich werfe dem Hund den Ball, hole ihn immer wieder aus dem Geäst hoher Bäume, weil ich nicht werfen kann, umrunde den See. Der Himmel ist jetzt grau, der See ebenfalls.

Da durchbricht die Sonne, nun hinter meinem Rücken, wieder die Wolkendecke und taucht die kahle Baumreihe zwischen Wasser und Himmel in warmes Rot. Ihr Licht spiegelt sich in den Bäumen und einer frei stehenden Trauerweide.

Wieder stehe ich wie angewurzelt da. Eine Joggerin rennt vorbei, sieht es gar nicht. Ich möchte auch rennen, meine Kamera holen, festhalten, aber es ist einer der kostbaren Schätze der Natur, die ich in mir bergen muss. Aus Grau wird leuchtendes Rot, weil die Sonne darauf scheint. Nach einer Minute ist der Zauber vorbei. Grau ist wieder grau. Wird mein Leben auch hin und wieder für kurze Momente in helles Licht getaucht? Kann sich im Grau meines Alltags Gottes Licht spiegeln? Geschenk des Himmels ...

Meine Freundin lässt sich was entgehen!

Vor der Bäckerei binde ich den Hund fest. In der Bäckerei blinzelt ein Kunde in die Morgensonne, meint selig: »Was für ein herrliches Wetter bekommen wir heute!!« Er sagt es mit einer Stimme, als würde er ein unerwartetes Geschenk erhalten. Der Bäcker, dem dieselben Sonnenstrahlen in der Nase kitzeln, meint: »Blöde Sonne! Nützt ja eh nix. Wärmt nicht einmal. Im Winter geschehen nur eine Menge unnötiger Unfälle wegen dieser blöden tiefstehenden Sonne!« Das ist meine Tageslektion, Variante der Geschichte mit dem halbleeren Glas ...

Abends sitzen Werner und ich vor dem Ofen. Anna setzt sich dazu. Jan trägt Wackelpudding ins Wohnzimmer. »Danke für das schöne Essen! Halleluja!« Jetzt grinse ich. Jan schlabbert und plappert: »Wackelpudding mag ich so gern. Weil man den so schwer essen kann.« Ich sehe Jan zu, wie er mit dem Löffel glibberige Brocken jagt und kichere. »Stimmt doch, Mama, die rutschen immer ab.« Gedankenverloren fische ich eine kleine Fruchtfliege aus meinem Weinglas und sehe ihr nach, wie sie erleichtert losfliegt. Noch einmal davongekommen. Später sitze ich auf dem Badewannenrand, schmiege meinen Kopf an Anna, blödle herum und sage: »Ich bin eine betrunkene Fruchtfliege ...« Ich bin so glücklich, möchte mein Glück auskosten bis auf den letzten Tropfen.

Der Tag geht zu Ende. Ich habe gekocht, geputzt, gewaschen. Geredet und getröstet, zugehört, ermutigt, gelästert. Jan hat sich verliebt. Die Nachbarin meiner Mutter ist gestorben. Mein Bruder hat angerufen. Eine Frau hört von meiner Krebserkrankung vor zwei Jahren und sagt: Da seid ihr durch schwere Zeiten gegangen! Ja, denke ich, und es fühlt sich unendlich weit weg an. Gott sei Dank. So viele gute Tage hat Gott mir geschenkt seither. So viele Erfahrungen, Erkenntnisse, so viel Lernen, Glück, Liebe, Geborgenheit. Jeder Tag ein Geschenk – die Binsenweisheit hat sich in mir verankert. Und immer noch Angst vor Trennung durch Tod, vor Leid durch Krankheit, täglich das Wissen um meine Zerbrechlichkeit, um die Vergänglichkeit meines Glücks, täglich sehe ich, worauf ich zulebe, sofern mir Zeit gegeben ist: Alter, Einsamkeit, Abschied. Ja, ich habe Schweres durchgemacht. Aber meine Lebenssumme unterm Strich ist positiv! Und Gott wird auch morgen bei mir sein. Und übermorgen ...

Ein Pessimist sieht die Schwierigkeit bei jeder Gelegenheit,
ein Optimist hingegen sieht die Gelegenheit bei jeder Schwierigkeit.

Winston Churchill

Astrid Eichler

Allein für alles – und das für immer

Eines Tages ein Anruf: »Frau Pastor, es ist so kalt, die Kirchentür klemmt. Kommen Sie doch morgen lieber nicht zum Gottesdienst, das ist doch nicht nötig.« Ist es nicht sinnvoll, generell Gottesdienste zusammenzulegen, andere zu streichen? Oft habe ich doch schon gehört: »Frau Pastor, einmal im Monat reicht doch.«
Ich fange an, darüber konkret nachzudenken. Aber ich kriege keinen Frieden darüber. In der momentanen Situation ist der Gottesdienst sozusagen das einzige »missionarische Instrument«, das ich zur Verfügung habe, um überhaupt erst mal die Menschen zu erreichen, die zur Kirche dazugehören. Ich könnte reduzieren, wenn ich andere Möglichkeiten für anderes hätte. Aber wie soll das gehen? Was geht überhaupt?

Ich mache viele Besuche in der Zeit. Manchmal zu viele. Ich kann das, was ich da erlebe, kaum verarbeiten. Vor allem eine Vorstellung wird als Illusion entlarvt. »Alte Leute sind fromm«, habe ich auch immer gedacht. Aber das Glaubenszeugnis, das ich weithin zu hören bekomme, heißt nur: »Ach, als wir noch Kinder waren, zu Weihnachten – das war immer feierlich.«

Es gibt in einigen der Dörfer eine feste Wintertradition: Bibelwoche. Man trifft sich in einer Woche drei oder mehrere Abende und hat einen Abschlussgottesdienst. Alles zu einer bestimmten Textreihe.

Zum ersten Abend solch einer Woche nehme ich in eins der Dörfer Bibeln aus dem Gemeinderaum mit. Ich teile sie aus und sage: »Morgen bringen Sie mal Ihre eigene Bibel mit. Da findet man sich besser zurecht. Und das ist doch auch schöner mit der eigenen Bibel.«

Eine alte Frau, weit über 70, schaut mich an: »Meine Bibel, Frau Pastor, die ist auf der Flucht verloren gegangen.« – 44 Jahre sind seitdem vergangen. 44 Jahre ohne Bibel. Jetzt wundere ich mich eigentlich über nichts mehr.

Was wird werden in diesen Gemeinden, und was wird eigentlich aus mir?

In einem Gespräch, in dem ich mal wieder Hilfe suche, spricht mein Gegenüber die Opferung Isaaks an: Alles auf den Altar legen, alles. Buchholz und Umgebung, alle Pläne und Konzepte, alle Hoffnungen.

»Herr, und wenn hier sichtbar NICHTS geschehen sollte in der Zeit meines Dienstes, so will ich dir dennoch danken, dass ich dir hier dienen durfte.« So bete ich in dieser Zeit. Dann aber der Gedanke: *»Was wird, wenn die Menschen verloren gehen, an denen so viel versäumt und verdorben wurde?«* (Tgb. 8. Nov. 1988). Das bedrückt mich zunehmend, zumal ich inzwischen einiges mitgekriegt habe von dem, was hier in den Jahren zuvor gelaufen ist. Es ist viel Schuld geschehen. Und jetzt? Die Verlorenheit der Menschen wird zunehmend zu meinem Thema.

Es ist wieder Gemeinderüstzeit vom »Bruderkreis«, diese evangelistisch-seelsorgerlich ausgerichtete Woche mit etwa 100 Personen aller Altersgruppen.

Wochenlang habe ich gehofft und gebetet: »Herr, schenke mir, dass ein ›Trabi‹ voll Leute aus dem Buchholzer Bereich mitkommt!« Sechs Frauen kommen mit. Schon das ein Wunder!

Sie kehren verändert nach Hause zurück. –

»Jetzt müssen wir uns aber zu Hause auch treffen.« Im Februar 1989 beginnt unser Bibel-Gebetskreis. Frauen, alle so um die 50 oder 60, treffen sich jeden Montagabend zum Bibellesen, zum Austausch, zum Singen und zum Beten. Alles muss erst noch geübt werden, vor allem das gemeinsame Gebet. Immer wieder ermutige ich: »Auch ein halber Satz ist ein Gebet.«

Immer wieder passiert es, dass nach einem halben Satz alles andere in Tränen erstickt ist.

»Warum können wir nicht so frei beten? Warum fangen wir immer wieder an, dabei zu weinen?«, fragen sie. Mein Empfinden: Ausgetrocknete, dürre Seelen bekommen Kontakt zur Liebe Gottes, da bricht so viel Hartes auf, da schmilzt so vieles weg. Da sind Tränen ganz normal.

Eine der Frauen sitzt vor mir, völlig aufgelöst, glücklich und zugleich empört. Ihr Mann ist Kirchenältester. Sie hat sich schon immer zur Kirchengemeinde gehalten: »Warum hat uns das keiner früher gesagt? Dass Jesus richtig was mit unserem Leben, mit dem Alltag zu tun hat. Es ist ja alles ganz anders. Ich fühle mich wie neugeboren.«

Ich bin glücklich. Da ist jemand von Neuem geboren, und das mit fast 60 Jahren. Und ich bin schmerzlich betroffen. Warum hat ihr das keiner früher gesagt, dass man von Neuem geboren werden kann?

Eine andere berichtet: »Also, ich fand das alles ja ganz eigenartig. Ich hatte mir fest vorgenommen, wenn ich nach Hause komme, dann gehe ich erst mal zur Frau vom Superintendenten und frage, ob die Frau Eichler nicht

doch von einer Sekte kommt.« Strahlend fügt sie hinzu: »Aber dann hat Gott mich gerade noch rechtzeitig erwischt. Ich weiß jetzt, dass ich zu ihm gehöre und dass Frau Eichler nicht von einer Sekte ist.«

Ich bin glücklich. Neues hat begonnen. Und ich bin völlig kaputt.

Lothar Zenetti

Am Ende die Rechnung

Einmal wird uns gewiss
die Rechnung präsentiert
für den Sonnenschein
und das Rauschen der Blätter,
die sanften Maiglöckchen
und die dunklen Tannen,
für den Schnee und den Wind,
den Vogelflug und das Gras
und die Schmetterlinge,
für die Luft,
die wir geatmet haben,
und den Blick auf die Sterne
und für alle die Tage,
die Abende und die Nächte.

Einmal wird es Zeit,
dass wir aufbrechen und
bezahlen.
Bitte die Rechnung.
Doch wir haben sie
ohne den Wirt gemacht:
Ich habe euch eingeladen,
sagt der und lacht,
soweit die Erde reicht:
Es war mir ein Vergnügen!

Teil III:

Bittet, so wird euch gegeben!

Hans Steinacker

Sonntagskapital

»Keine Zeit!«
Stimmt das wirklich?

Vergegenwärtigen wir uns, dass man im Laufe von sieben Jahren ein geschlagenes Jahr Sonntag verlebt.

Also: Bei 21 Jahren ist 3 Jahre nur Sonntag,
bei 35 Jahren ist 5 Jahre nur Sonntag,
bei 70 Jahren ist 10 Jahre nur Sonntag!

Die Ausrede, Sie hätten keine Zeit gehabt, wird vor Gott nicht gelten, allein schon im Hinblick auf die Sonntage!

Und bedenken Sie, dass ein Jahr 8760 Stunden hat!

Ein Riesenkapital!
Was werden Sie damit anfangen?

Lindolfo Weingärtner

Sorgen abgeben

Du sollst die Last von morgen
nicht schon heute tragen.
Gott will nicht, dass die Dinge
dich zur Unzeit plagen.

Er selbst hat deine Bürde
dir heut zubemessen.
Das Maß, das du dir setztest,
gilt es zu vergessen.

So lobe Gott mit Freuden,
lass ihm deine Sorgen:
Samt deiner Last will er dich
tragen heut und morgen.

Alfons von Liguori

Freundschaft mit Gott

Eigne dir die Gewohnheit an,
mit Gott zu sprechen,
der ganz für dich da ist,
ganz Liebe.

Sprich vertraulich und mit grenzenlosem Vertrauen, wie zu deinem besten Freund, der ganz von Liebe erfüllt ist.

Sprich oft mit Gott – von deinem Leben, deinen Plänen, deinen Sorgen, deinen Freuden und deinen Befürchtungen – von allem, was dich bewegt; vor allem aber sprich vertraulich und freimütig mit Gott; denn er spricht nicht gerne mit jemandem, der sich ihm nicht anvertrauen will.

Sprich deine Gedanken voll Vertrauen aus. Bedenke, dass Gott nicht wartet, bis du kommst. Er kommt dir immer zuvor. Sein Antlitz ist dir stets zugewandt.

Bianka Bleier

Wenn der Glaube wankt

Zweiter Weihnachtsfeiertag. Bei den ersten Meldungen über eine noch ungewisse Anzahl von Menschen, die bei einer Überschwemmung in Asien ertrunken sind, reagiere ich verstimmt: Muss ich über jeden Unglücksfall dieser Welt informiert werden? Was bringt mir das? Was macht das mit mir?

Es folgen stündliche Korrekturen von Zahlen, deren Dimension mich innerlich verstummen lässt. Weihnachten liegt hinter mir. Obwohl ich es vermeide, im Fernsehen Bilder über das Seebeben anzusehen, tauchen sie in meinem Inneren auf. Ich schiebe sie zur Seite, weil unerträglich. In den nächsten Tagen dreht sich überall das Gespräch um Menschen, die unermessliches Leid erleben.

Erst an Silvester, als ich ein kleines, gut gemeintes, privates Gebet zum Himmel schicken will, spüre ich die bekannten lähmenden Gebetszweifel. Jan wird zum ersten Mal mit dem Jugendkreis der Gemeinde feiern. Ich mache mir ein wenig Gedanken, ob er den Abend gut über die Runden bringen wird und möchte ihn Gott anbefehlen. Habe ich doch gelernt, dass Gott auch das Alltägliche meines Lebens interessiert.

Da merke ich, dass ich gar nicht glauben kann, dass Gott sich für Jans seelisches Befinden interessiert. 120 000 Flutopfer in Asien – was ist eine Silvesterfeier auf Gottes Prioritätenliste angesichts dieser Katastrophe? Wie viele Mütter mögen in den Stunden des Grauens zu Gott geschrien haben, dass er sie und ihre Kinder rette – und sind dennoch zu Schaden gekommen? Nimmt Gott wirklich Anteil daran, wie Jan sich fühlt auf seiner ersten Silvesterparty? Interessiert Gott das? Keine Ahnung. Gott wird Wichtigeres zu tun haben, als dafür zu sorgen, dass Jan zurecht kommt bei einer christlichen Veranstaltung in einem behüteten Wohlstandsland. Alte Zweifel neu aufgewärmt. Resigniert merke ich, dass ich nicht mehr vertraue beim Beten. Mein verzagtes Gebet lautet ungefähr so: »Herr: Jan!«

Ich finde keine Worte, keine Gedanken, nur Gefühle, die ich mühsam verdränge. Frage mich wirklich, ob ich Gott mit diesem und jenem noch in den Ohren liegen kann, wenn er die Sache mit Asien regeln muss. Sollte.

Das ist der Moment, in dem ich Angst bekomme. Angst vor dem Leben, Angst vor Gott, Angst, dass mein Glaube mir wegrutscht. Ich weiß, dass Gott mir fremd wird, wenn ich nicht mehr bete, nicht mehr seine Nähe suche. Glaube und Unglaube liegen bei mir oft nah zusammen. Ich kann Gott einfach nicht fassen und es kostet mich immer wieder Winkelzüge, an seinen Verheißungen festzuhalten.

Manchmal finde ich Gott unheimlich einfühlsam, manchmal erscheint er mir so willkürlich. 120 000 Menschen hat er nicht vom Tod durch Ertrinken abgehalten, warum sollte er auf mein Gebetlein reagieren, dass Jan glücklich sein möge? Manchmal bleibt mir nur das Wort »Herr, wohin sollen wir gehen, nur du hast Worte ewigen Lebens«.

Da lerne ich Anke kennen. Anke ist für mich eine Glaubensfrau, denn sie geht Schritte ins Ungewisse im

Vertrauen darauf, dass Gott sie führt. Anke scheint zu denen zu gehören, die einen besonderen Zugang zu Gott haben und deren Vertrauen immer wieder bestätigt wird. Anke ist mir – so empfinde ich –, was den Glauben betrifft, Meilen voraus.

Ich entschließe mich zu Ehrlichkeit, und auch Anke öffnet ihr Herz. Seit sie erlebt hat, wie ein Kind aus ihrem nahen Umfeld misshandelt und ermordet wurde, wächst in ihr die furchterregende Erkenntnis, dass sie Jesus nicht mehr spürt. Beide können wir das Leid Unschuldiger nicht einordnen, bringen unsere guten Erfahrungen mit Gott nicht zusammen mit dem, was um uns Leidvolles geschieht. Ankes Angst gibt mir die Erlaubnis, dass auch ich mich fürchten darf, dass mein Glaube mir wegrutscht. Zu sehen, wie sie festhält, trotzt, hofft, weitertappt im Dunkel, stärkt meinen Glauben gerade.

Später erzählt mir Helga aus meiner Gemeinde, dass sie jeden Morgen mit leeren Händen vor Gott steht. Dass ihr Glaube immer nur für einen Tag reicht. Alle Morgen neu muss sie ihn sich schenken lassen. Ich denke: »Wie die Israeliten das Manna«, und bin getröstet. Glaube als täglich Brot. »Eigentlich« weiß ich auch, dass Gott treu ist, aber ich bin wie das Volk Israel, das immer wieder meuterte, murrte, von Gott enttäuscht war. Das Bekenntnis der beiden Frauen ist wie eine große Erlaubnis für mich, hungrig und bedürftig sein zu dürfen. Ihre vermeintliche Schwachheit macht mir nachhaltig Mut.

Abends in einem Gottesdienst sitze ich neben Birgit. Aus ihrer Bibel fällt ein Zettel, den sie mir überlässt. Darauf steht:

Luthers Anhängsel

»Mir ist es bisher wegen angeborener Bosheit und Schwachheit unmöglich gewesen, den Forderungen Gottes zu genügen. Wenn ich nicht glauben darf, dass Gott mir um Christi willen dies täglich beweinte Zurückbleiben vergebe, so ist's aus mit mir. Ich muss verzweifeln. Aber das lass ich bleiben. Wie Judas an den Baum mich hängen, das tu ich nicht. Ich hänge mich lieber an den Hals oder Fuß Christi wie die Sünderin. Ob ich auch noch schlechter bin als diese, ich halte meinen Herrn fest. Dann spricht er zum Vater: ›Dieses Anhängsel muss auch durch. Es hat zwar nichts gehalten und alle deine Gebote übertreten, Vater, aber er hängt sich an mich. Was will's! Ich starb auch für ihn. Lass ihn durchschlupfen.‹ Das soll mein Glaube sein.«

Wie oft muss uns ein kleiner Hinweis in der Bibel genügen, bleibt unsere Neugier, unsere Sehnsucht, zu verstehen, unbefriedigt. Glaube bleibt oft der Schritt ins Ungewisse, in den Nebel, in die Nacht des Zweifels, im Vertrauen darauf, dass dort einer ist, der hält. Glaube bleibt eine Haltung, die ich mir immer wieder neu schenken lassen muss.

Jan ging es gut auf der Silvesterfeier. Ob das etwas mit meinem kleinen, schwachen Gebet zu tun hatte?

Gerdi Stoll, Sabine Kley

Ich habe da noch eine Frage, Maria

Wie hast du das damals nur geschafft, dich einfach zu Jesu Füßen zu setzen, obwohl doch deine Schwester pausenlos am Vorbereiten war? Ich bewundere dich dafür, dass du allen Nebensächlichkeiten abgesagt hast. Weißt du, wie schwer es mir fällt, jeden Morgen neu vor Jesus zur Ruhe zu kommen? Ob es mir eher gelingen würde, wenn er leibhaftig vor mir sitzen würde? Ich weiß es nicht.

Seit wir auf dem Land wohnen, schätze ich die Morgenstunden ganz besonders. Während der Schulzeit stehen unsere drei Kinder selbstständig auf und frühstücken miteinander je nach Schulbeginn. Ich genieße es, noch ein paar Minuten Ruhe zu haben, da mein Mann und ich eher Nachtmenschen sind. Auf das Frühstück freue ich mich jeden Morgen. Aber anstatt mich danach »zu Jesu Füßen« zu setzen, lasse ich mich oft von den Geschehnissen des Tages (an)treiben.

Ab acht Uhr klingeln die Telefone. Es fällt mir schwer, nicht da ranzugehen. Es könnte etwas Wichtiges sein. Aber dann fällt mir ein: Ich sollte noch schnell einen Arzttermin für die Kinder ausmachen. Bevor ich dann zum Einkaufen fahre, versorge ich noch meine Hühner.

Neulich gab es im Hühnerstall einen Todesfall und eine kranke Henne musste geschlachtet werden. Da nur noch ein Huhn übrig blieb, entschied ich mich, vier neue zu kaufen. Davor musste aber der Stall gefegt und geputzt werden. Das war vielleicht eine Aktion!

Nach dem anschließenden Einkauf stand das Zubereiten des Mittagessens an. Dabei fiel mir ein, dass mein Mann ja wegen einer Beerdigung heute früher essen musste. Das Klingeln an der Haustür kündigte die Firma an, die uns mit Bergen von Kopierpapier belieferte. Das Telefon läutete, weil unsere Älteste von einer entfernten Bushaltestelle abgeholt werden musste. Schnell die Kartoffeln abgießen und den Tisch decken. Da der Schornsteinfeger weiß, dass wir um die Mittagszeit am besten zu erreichen sind, stand auch er noch vor der Tür.

So ging es den ganzen Tag weiter. Mein Mann berichtete von der Beerdigung, die Kinder von der Schule – und ich von meinen Hühnern. Am Nachmittag werden die Kinder pausenlos von ihren Freunden verlangt. Mich einfach hinsetzen und den Bibelworten lauschen, während die Wäscheberge nach dem Bügeleisen schreien, die Teppiche nach dem Staubsauger und die Fenster nach dem Fensterleder – einfach unvorstellbar!

Wie hast du so einfach abschalten können, Maria? Es muss dir gutgetan haben. Mir scheint, es hat dich sogar richtig bereichert. Du hast die Wichtigkeit der Stunde erkannt und Prioritäten gesetzt.

Ich muss dir gestehen: Auch ich habe das schon erlebt. Morgens beim Bibellesen, wenn die Worte Hände und Füße bekommen und lebendig werden. Das hat Auswirkungen auf den ganzen Tag.

Ich weiß doch darum. Das beflügelt, es gibt mir neue Kraft.

Warum gelingt mir diese stille Zeit dann nicht immer? Weil der Alltag oft so laut ist und sich aufplustert wie ein Pfau. Aber ich erkenne es nicht gleich!

Ich möchte mich ganz neu nach dieser Ruhe sehnen, mich nach ihr ausstrecken. Der Jesus, dem du damals zuhörtest, ist doch auch der Herr in meinem Leben.

Maria, du bist mir ein Vorbild.

PS: Weißt du, dass ich mich auch gerne auf mein Fußbänkchen setze – anderen Leuten gegenüber zu Füßen? So kann ich mich richtig in dich hineinversetzen.

Gerdi Stoll, Sabine Kley

Herr, mach mich bereit, eine Empfangende zu sein

Herr Jesus, ich wünschte, du wärst mein Gast
und ich könnte dir ganz nahe sein.
Ich bin erschöpft, ich habe keine Kraft mehr.
Ich sehne mich so sehr danach, zur Ruhe
zu kommen und
Abstand zu nehmen von den Anforderungen
meines Alltags:

Während ich vor dir mein Herz ausschütte,
spüre ich auf einmal: Du bist wirklich da.
Du bist bei mir und hörst mir zu.
Das tut so gut.
Ich bin dir so wichtig,
dass du dir Zeit für mich nimmst.

Wie ein Kind lehne ich mich an dir an,
als seist du mein Vater.
Ich muss mich jetzt nicht anstrengen,
bei dir muss ich jetzt auch nicht stark sein.
Ich darf mich fallen lassen
und du hältst mich.
Du hältst mich aus.
Ich bin still geworden.
Ich spüre, dass von dir eine Kraft ausgeht,
in der ich aufatmen und neue Energie
empfangen kann.
Herr Jesus, ich brauche dich,
nicht nur heute, sondern auch morgen.
Danke für die Zeit mit dir. Amen.

Teil IV: Klartext

Hans Steinacker

Ökumene

Der Begründer der Methodistenkirche, John Wesley (1707–1788), hatte diesen Traum:

Er kam an das Portal der Hölle und fragte: »Was für Leute gibt es denn bei euch? Katholiken?« Antwort: »Ja, viele.« – »Auch Anglikaner?« Antwort: »Ja, viele.« – »Auch Lutheraner, Reformierte, Baptisten, Presbyterianer, Orthodoxe?« Immer kam die gleiche Antwort: »Ja, viele.« – »Etwa auch Methodisten?« – »Ja, viele.«

Betrübt ging Wesley weiter und kam an das Himmelsportal. Er klopfte bei der Auskunft und stellte die gleichen Fragen: »Sind hier Katholiken?« – Antwort: »Nein, kein einziger.« – »Anglikaner?« – »Nein, kein einziger.« – »Lutheraner, Reformierte, Baptisten, ...?« Und immer die gleiche Antwort: »Nein, kein einziger.«

Erschrocken wollte Wesley nun wissen: »Ja, was für Leute sind denn im Himmel?« Antwort: »Hier gibt es nur Christen.«

Hans Steinacker

Rezession

Es war einmal ein Mann in Amerika, der wohnte an einer Überlandstraße und verdiente sich seinen Lebensunterhalt mit dem Verkauf von Hot Dogs am Straßenrand.

Seine Ohren waren nicht so gut, darum hörte er nie Radio. Seine Augen waren nicht so gut, darum las er nie Zeitung. Gut aber waren die Hot Dogs, die er verkaufte, und er stellte Schilder an die Straße und rief: »Einen Hot Dog gefällig?«

Er erhöhte seine Bestellung für Würstchen und Brötchen. Er kaufte sich einen größeren Ofen, um mit dem Geschäft Schritt zu halten. Schließlich brauchte er einen Helfer und holte seinen Sohn vom College zurück. Und Folgendes geschah:

Der Sohn sagte: »Vater, hast du denn nicht Radio gehört? Hast du denn nicht Zeitung gelesen? Wir haben eine riesige Rezession! In Europa ist die Lage schlimm. Bei uns in Amerika ist sie noch schlimmer. Alles geht vor die Hunde.« Worauf der Vater sagte: »Mein Sohn war auf dem College. Er liest Zeitung und hört Radio. Er wird es ja wohl wissen.«

Daraufhin reduzierte er seine Bestellungen für Würstchen und Brötchen, nahm seine Reklameschilder herein und sparte sich die Mühe, sich selbst an die Straße zu stellen und seine Hot Dogs anzupreisen. Und praktisch über Nacht brach sein Geschäft zusammen.

»Du hast recht, mein Junge«, sagte der Vater zum Sohn, »wir befinden uns wirklich mitten in einer gewaltigen Rezession.«

Manfred Siebald

In deinem Haus bin ich gern, Vater

Es war irgendwann um 1971 herum. Ich hatte mich über mich selbst geärgert – über mein stellenweise zur bloßen Gewohnheit gewordenes Christentum, das sich für mich am deutlichsten beim Gottesdienstbesuch zeigte. Statt zu »schmecken und zu sehen, wie freundlich der Herr ist«, sah und bedachte ich alle möglichen äußerlichen Dinge. Ich schien so angefüllt von eigenen Gedanken, Wünschen, Sympathien und Antipathien zu sein, dass sich der Hunger nach Gottes Wort, nach dem Kennenlernen seines Willens und nach seinem Trost kaum einstellen konnte. Als mir das klar geworden war, schrieb ich zunächst einmal – wie oft in solchen Fällen – eine Art Bestandsaufnahme, die ich mit dem ironischen Titel »Höchst erbauliche Gedanken« versah. Das Lied sprach von einer uralten, steinharten Kirchenbank, die mich ablenkt und ärgert (und deren Modell für mich in einer Gemeinde in Berlin stand). Den Titel habe ich mir von dem Romantiker E. T. A. Hoffmann geborgt, über den ich in meinem Germanistikstudium eine Seminararbeit geschrieben hatte.

Manfred Siebald

Höchst erbauliche Gedanken

Am Eingang stand einer, der gab mir die Hand,
sagte »Guten Morgen« und lächelte mild;
ich fand das rührend, wie der da so stand –
das war ein richtig sonntägliches Bild.
Kaum war ich an ihm vorbeigezogen,
vorbei an zwei Körbchen, noch ungefüllt,
da wurde ich von mächtigen Orgelwogen
in die dritte Bank von hinten gespült.

Die Bank ist uralt und steinhart und sie knarrt,
wenn ich nach dem Rechten sehe und nach dem Linken.
Durch Fensterapostel fällt bunt das Licht,
und halb wachend, halb träumend sehe ich einen
Heiligen winken.

Dem Mann im Talar sitzt das Beffchen schief,
und seine Stimme hat näselnden Klang;
und wenn er mal schweigt, dann atme ich tief,
denn dann sind wir wieder dran mit Gesang.
Hat sich da nicht eben die Orgel verspielt?
Und außerdem ist sie uns immer voraus.
Kein Wunder, dass man sich nicht wohl dabei fühlt,
und auch auf der Bank halte ich's nicht mehr aus.

Denn die Bank ist uralt ...

Die Frau da vorn, die mit der Schleife am Hut,
versteckt ihr Gähnen hinter der Hand.
Warum die bloß so gelangweilt tut?
Ich finde hier vieles so interessant!
Zum Beispiel die welkende Blumenpracht,
die der Küster mit ängstlichen Blicken umhegt.
Rechts stehen wohl sieben und links, glaub ich, acht.
Da knarrt es schon wieder, denn ich hab mich bewegt.

Diese Bank ist uralt ...

Ob die Predigt nicht etwas kürzer sein kann?
Im Geiste ring ich schon langsam die Hände.
Ich wünschte, die ließen mich da mal ran;
ich wäre nach zwei bis drei Sätzen am Ende.
Was hat der jetzt eben von Sünde gesagt
und von Vergebung, von Lob und von Dank?
Naja, ist nur gut, dass mich das keiner fragt.
Ein kleiner Junge ritzt was in die Bank.

Diese Bank ist uralt ...

Was wird es wohl heute zu Mittag geben?
Bestimmt etwas Gutes, und danach werd ich dann
mich für ein Weilchen zur Ruhe begeben,
weil ich das sonst in der Woche nicht kann.
Nun stehen wir wieder – es ist wohl bald Schluss.
Da ertönt schon der erste Glockenschlag;
und der klingt so schön, dass ich denken muss:
War das ein erbaulicher Vormittag!

Nur die Bank war uralt und steinhart und sie knarrte,
wenn ich nach dem Rechten sah und nach dem Linken.
Durch Fensterapostel fiel bunt das Licht.
Doch zum Abschied ganz munter seh ich nicht mehr die Heiligen winken.

So sehr mir die Selbstanalyse auch zur Selbsterkenntnis verhalf – Ironie bringt eine Sache vor Gott letztlich nicht in Ordnung. Sie kann zwar entlarven, glänzende Fassaden einreißen und so zur Ehrlichkeit verhelfen, aber zur Änderung kommt es dann nur durch Umkehr und Gebet. Die natürliche Folge war deshalb, dass ich Gott um die rechte Haltung und um so etwas wie geistlichen Hunger in seinem Haus bat. Daraus entstand das Lied »In deinem Haus bin ich gern, Vater« – mit seinem biblischen Hintergrund »Herr, ich habe lieb die Stätte deines Hauses« (Psalm 26,8).

In deinem Haus bin ich gern, Vater,
wo du mein Denken füllst;
da kann ich dich hören, Vater,
sehn, was du willst.
In deinem Haus will ich bleiben, Vater;
du weist mich nicht hinaus,
und nichts soll mich vertreiben, Vater,
aus deinem Haus.

Mich locken viele Sterne
an meinem Horizont.
Sie weisen in die Ferne,
und jeder sagt mir, dass sein Weg sich lohnt.

In deinem Haus bin ich gern, Vater,
weil du die Sonne bist
und nicht nur ein Stern, Vater,
der mich vergisst.
In deinem Haus will ich bleiben, Vater;
füll du mich völlig aus,
und nichts soll mich vertreiben, Vater,
aus deinem Haus.

Nimm du aus meinen Sinnen
die alte Sattheit fort;
ich will ganz leer beginnen,
mich umgestalten lassen durch dein Wort.

In deinem Haus hör ich gern, Vater,
was du zu sagen hast;
auch das will ich hören, Vater,
was mir nicht passt.
In deinem Haus will ich bleiben, Vater;
füll du mich völlig aus.
Dann kann mich nichts vertreiben, Vater,
aus deinem Haus.

Ich gebe dir mein Leben,
die Sorgen und das Glück;
willst du mir's wiedergeben,
behalt, was dir an mir missfällt, zurück.

Mein ganzes Leben soll dein Haus sein, Vater –
dein Haus, das du für dich

nach deinen Plänen baust, mein Vater,
und nicht für mich.
In diesem Haus sollst du bleiben, Vater;
füll du es völlig aus,
und nichts soll dich vertreiben, Vater,
aus diesem Haus.

Manfred Siebald

Kreu zwor trätsel

Se ite inpa arjah renbi nich nune inchri
stun deswe ißno chke inerdav.

Onden nich verwi scheal leme ine spurengu
tund macha usdem kla renwortev.

Omkre uze inrä tselsoer
folgre ichget arntschle i

chich genhim melda ßwahrsche inli cha uchgot
tmichnich terken nenwir dwenni chank omme.

Wie viele Male habe ich Auskunft geben müssen, was diese seltsamen Laute bedeuten. Ist das Hebräisch? Griechisch? Deutsch rückwärts? Und was immer das ist – was hat dieses Lied auf einem Album mit christlichen Liedern zu suchen?

Der Gedanke, einen solchen rätselhaften Text zu schreiben, kam mir beim Hören einer alten LP von Noel Paul Stookey, dem »Paul« des Folk-Trios »Peter, Paul and Mary.« In den Jahren, in denen ich neben der klassischen Musik meiner Violinausbildung auch andere Musik wahrzunehmen begann, spielte dieses Trio neben Simon and Garfunkel, Bob Dylan und Gordon Lightfoot für mich eine wichtige Rolle. Und eines Tages gab es plötzlich neben den gemeinsamen Alben auch Einzelplatten der drei Folk-Sänger. Paul Stookey war Christ geworden und wollte auf seine ganz persönliche Weise von seinem Glauben erzählen.

Hintergründig-humorvoll verpackte er seinen neu gefundenen Glauben in kleine Geschichten, in denen man sich irgendwann wiederfand. Und er spielte gekonnt mit der Sprache. Auf seiner ersten Solo-LP Paul and zerstückelte er zum Beispiel in einem Lied die Wörter und setzte die Teile neu zusammen. Was beim ersten Hören nichts als klingende Silben waren, ergab beim genaueren Hinsehen dann doch eine Bedeutung (auch wenn es keine besonders tiefsinnige war – er sang von der Mondfahrt, von Jules Verne, Juri Gagarin und grünem Käse). Auf seinem Album Something New and Fresh gab es dann noch einmal ein Lied mit dieser Technik, und in dem beschrieb er, wie er in Austin, Texas, dem Geist Gottes begegnete und wie das seinem Leben Bedeutung und ein Ziel gab. Vielleicht wollte er mit der Verfremdung ausdrücken, dass das Reden vom Glauben für noch nicht glaubende Menschen unverständlich klingen mag.

In meinem Text »Kreu zwor trätsel« habe ich diese Technik benutzt, um einem anderen Gedanken eine sprachliche Form zu geben: Wenn ich mich schäme, von meinem Glauben zu sprechen, wenn ich wie die Katze um den heißen Brei rede, bringe ich andere Menschen um die Chance, das Leben mit Christus kennenzulernen und selbst zu beginnen. Jesus hat dazu ein klares Wort gesagt: »Wer nun mich bekennt vor den Menschen, den will ich auch bekennen vor meinem himmlischen Vater.

Wer mich aber verleugnet vor den Menschen, den will ich auch verleugnen vor meinem himmlischen Vater« (Matthäus 10,32-33).

Wenn sich jemand nicht selbst an die Auflösung machen will – hier ist sie:

Kreuzworträtsel

Seit ein paar Jahren bin ich nun ein Christ,
und es weiß noch keiner davon.

Denn ich verwische alle meine Spuren gut
und mach aus dem klaren Worte

vom Kreuz ein Rätsel. So
erfolgreich getarnt schleich ich

gen Himmel, dass wahrscheinlich auch Gott
mich nicht erkennen wird, wenn ich ankomme.

Teil V: Einmal volltanken!

Jürgen Werth

Gefüllte Zeit

TANK RUHE.
Nicht nur im Urlaub.
Gott hat den Sonntag erfunden.
Damit sich seine Menschen nicht verlieren.
Im Getriebe des Alltäglichen
nicht zu Getriebenen werden.
Der Sonntag gibt dem Menschen die Würde.
Sonntagswürde ist Menschenwürde.
Zeit für Gott.
Zeit für Menschen.
Zeit für Zeit.
Stille Zeit.
Gefüllte Zeit.

Jürgen Werth

Aufatmen.

WIE GUT, dass du nicht nur kämpfen musst.
Nicht nur schaffen und schuften.
Nicht nur funktionieren.
Wie gut, dass es diese Tage gibt:
Freifreifreifreifrei.
Manchmal muss man sie sich einfach nehmen.
Damit sie einem nicht verordnet werden.
Raus aus dem Alltagsgrau.
Rein ins Urlaubsbunt.
Stehen bleiben.
Aufatmen.
Zurückblicken.
Und nach vorn
Urlaubsland.
Danken lernen.
Zuversicht üben.

Hans Steinacker

Identität

Kennst du deine Identität als Christ?

Du bist
ein Baum, gepflanzt an Wasserbächen – Psalm 1,3,
ein wasserreicher Garten – Jeremia 31,12,
ein Adler, der auffliegt – Jesaja 40,31,
ein Schaf auf Gottes Weide – Psalm 79,13,
eine Säule im Hause Gottes – Offenbarung 3,12,
ein Tempel des Heiligen Geistes – 1. Korinther 6,19,
eine Rebe am Weinstock – Johannes 15,5,
ein Bote, der gute Nachricht bringt – Markus 16,15,
ein Zeuge Christi – Apostelgeschichte 1,8,
ein Freund Jesu – Johannes 15,15,
ein königlicher Priester – 1. Petrus 2,9,
ein Überwinder – Römer 8,37,
ein Kind des Allerhöchsten – Johannes 1,12,
ein Erbe – Römer 8,17, und
das Licht der Welt – Matthäus 5,14.

Grund zum Größenwahn?
Dies alles sind wir aus Gnade,
damit sich keiner rühme.

Jürgen Werth

Ausgebrannt in Dallas

Flughafen Dallas. Spät am Abend. Vor drei Tagen haben wir unseren niedlichen Ford Festiva hier abgestellt, um zu Freunden von Freunden nach San Francisco zu fliegen. So macht man das in den USA. Jetzt stehen wir ratlos auf einem der vielen Parkplätze. Wo hat sich der kleine Kerl nur versteckt!

Endlich haben wir ihn entdeckt, eingekeilt zwischen bulligen Pickups. Wie Gulliver bei den Riesen. Erleichtert setze ich mich hinters Steuer, stecke den Schlüssel ins Zündschloss, drehe und – erstarre. Nichts. Nicht mal der leiseste Versuch des Anlassers, das kleine Motörchen in Gang zu setzen. Und dann ein Blick auf den Lichtschalter. Der steht auf »On«. Nicht erst seit eben. Nein, seit drei Tagen! Batterie leer. Aber so was von leer! Was tun? Den amerikanischen ADAC anrufen. »Tripple A« nennen sie ihn hier, weil er sich »AAA« abkürzt. Aber komm du mal mit texanischen Telefonen zurecht. Mit automatischen Frage- und Antwortspielchen. No chance!

Plötzlich fragt eine Stimme hinter mir: »Do you need help?« O ja! Und wie! Aber was heißt »Starthilfekabel« auf Englisch? Oder gar auf texanisch? Genau. »Jumper cables«, weil's ja streng genommen zwei sind. »Ah, you need a jump! Where's your car?« Und dann holt er seinen gewaltigen Pickup, stellt ihn vor unseren Kleinen und öffnet die Motorhaube. Unser Auto muss einen gewaltigen Schreck bekommen haben. So ähnlich wie Jona vor dem riesigen Fischmaul. Aber auch hier bedeutet der geöffnete Schlund Rettung. Kabel anschließen, anlassen – und der der Kleine schnurrt so wohlig, als hätte ihm nie auch nur irgendetwas gefehlt.

Ach, was sind die Texaner doch nett!

»Thank you so much!«

»You're welcome!«

Ohne Probleme kommen wir in unser Domizil. Weil ein Großer einem Kleinen einen Jump gegeben hat.

Manchmal denke ich: Dafür gibt's Freunde. Dafür gibt's eine Familie. Dafür gibt es Gemeinde. Dass einer einem anderen einen Jump gibt, wenn die Batterie leer ist. Texas ist auch in Hückeswagen.

Übrigens war ich in Texas, weil's mir über Monate und Jahre nicht sehr viel anders gegangen war als dem kleinen Ford Festiva. Zu lange geleuchtet, zu lange gestrahlt – bis die Batterie leer war. Burnout nennt man das. Ausgebrannt. Texas hat geholfen. Die Menschen in Texas haben geholfen. Gott in Texas hat geholfen.

Wenn nichts mehr geht, musst du mal weg. Abstand schaffen. Das Alte zurück lassen. Neues sehen. Neues denken. Durchatmen. Aufatmen.

Was ich seitdem immer wieder mal mache. Wenn ich mich selbst immer häufiger stöhnen höre: »Ich kann nicht mehr, und ich will nicht mehr!« ist Texaszeit. Das kann auch ein stilles Kloster an der Weser sein. Oder eine Hütte im Wald. Oder ein Strandkorb an der Nordsee. Man muss sich regelmäßig einen Urlaub für die Seele genehmigen. Und für den Körper. Wer die Stille sucht findet sich selber. Und Gott. Und kriegt vielleicht einen Jump.

Jürgen Werth

Gimme a jump

Gimme, o gimme a jump!
Die Welt hat mich geschafft,
ich spüre weder Saft noch Kraft.
Gimme, o gimme a jump!

Schlüssel rein und starten.
Doch da tut sich einfach nichts.
Nochmal drehn und warten.
Keine Zündung, keine Hupe, einfach nichts.
Und dann wird mir klar:
Drei Tage Licht an war zu viel.
Ist da jemand, der mir helfen will?

Augen auf und aufstehn.
Doch das geht heut wirklich nicht.
Lag's am langen Fernsehn?
Hab ich überhaupt geschlafen oder nicht?
Schwer wie Blei mein Kopf, in meiner Seele
brennt kein Licht.
Kann man da was ändern oder nicht?

Tagelang nur Regen.
Nebel wabert durchs Gemüt.
Wer sprach da von Segen?
Alle Rosen, alle Träume sind verblüht.
Einen hör ich singen von der Sonne Jesus Christ,
die auch scheint, wenn alles dunkel ist.

Gimme, o gimme a jump!
Das kann die Wende sein,
ich stell mich in den Sonnenschein.
Gimme, o gimme a jump!

Karl-Heinz Binder

Flug 402

Der Flughafen quoll förmlich über von Touristen. Sie standen gruppenweise in den Abfertigungshallen, in Schlangen vor den Schaltern, sie füllten die Warteräume und die Rolltreppen. Urlaubszeit.

Ich drängte in Eile zwischen ihnen hindurch, entschuldigte mich gehetzt bei Einzelnen, die ich anrempelte, fühlte, wie mir in der überheizten, stehenden Luft der Schweiß ausbrach, rannte gegen die Uhrzeit.

In genau dreizehn Minuten ging mein Flugzeug nach Wien. Ich musste es schaffen, denn es war eine wichtige Sitzung. Gerade dieses Mal wollte ich Entscheidendes zum anstehenden Problem beitragen. Ich war bestens vorbereitet für meinen Auftritt. Mit guten, griffigen und überzeugenden Formulierungen.

Aber jetzt schien das alles gefährdet. Ich war spät dran, sehr spät. Der erste lange Stau auf der Autobahn bei Rastatt, der nächste am Frankfurter Kreuz. Dann die fast verzweifelte Suche nach einem freien Parkplatz. Schon als ich in das dunkle Maul der Tiefgarage hineinfuhr, leuchteten, so weit ich blicken konnte, die Einfahrtanzeigen zu den abzweigenden Parkboxen rot. Am Ende der langen Verteilerstraße hinunter in die nächste Ebene: das Gleiche, alles belegt. Und dann, als ich schon fast resignieren wollte, das Flugzeug ohne mich starten sah, sprang einer der Lichtanzeiger direkt vor mir auf Grün. Da war ein Platz frei geworden, meine Chance. Und es klappte. Aber dann die vielen Urlauber, die mich aufhielten und meine Eile zur Hektik machten.

Der Bodenbelag mit den runden Gumminoppen dämpfte meinen Laufschritt in seltsamer Weise, und als sich der lange Gang zur Halle B erweiterte, warf ich einen schnellen Blick auf die große Anzeigetafel: Flug 402, Wien, 9.40 Uhr, Exit B 16. Und dahinter, gelb und leuchtend: 50 Minuten Verspätung. Bis eben ging es noch förmlich um Sekunden, und jetzt hatte ich plötzlich über eine Dreiviertelstunde Zeit.

Was tut einer mit diesem Loch im Timing? Geht er in das nächste Restaurant innerhalb des Flughafens und trinkt erst mal einen? Solidarisiert er sich mit den anderen Wartenden, verschimpft das Fünfzig-Minuten-Guthaben mit Empörung über die Fluggesellschaft und die Verhältnisse im Luftverkehr? Oder sitzt er einfach herum und starrt stumpf in die Zeitung oder vor sich hin?

Ich checkte ein am Schalter B 16, suchte mir einen Platz im Warteraum, öffnete meinen Aktenkoffer, in dem ich, rationell und auf Effizienz geschult, immer Reservearbeit hatte, denn jeder Moment muss ja wohl sinnvoll genutzt werden. Aber als ich die Unterlagen in die Hand nahm, zögerte ich und legte sie nachdenklich wieder zurück. War diese Dreiviertelstunde nicht so etwas wie mir unverhofft geschenkte Zeit? Sollte man sie dann auch so behandeln, anders als die übrigen Stunden und Minuten? Wie etwas mir besonders Anvertrautes? Gab es nicht so viele persönliche Fragen, über die ich schon längst einmal nachsinnen wollte? Über die Art, wie ich lebte. Die Hektik in mir. Die nie zu Ende gedachten

Prioritäten. Ob der Sinn und die Schwerpunkte meines Lebens nicht viel zu weit auseinander lagen?

Ich blickte auf die Urlauber, die hinter der Glasabtrennung draußen auf dem Gang vorbeiliefen. Sie alle hatten jetzt Zeit, manche von ihnen zwei oder drei Wochen. Was würden sie damit tun?

War nicht jede Unterbrechung der normalen Alltagsabläufe zugleich eine Chance, still zu werden? Über Gott und die Welt, nein: Über Gott und damit über die Welt hinaus nachzudenken? Vielleicht zu beten? Dreißig verbleibende Minuten lang bis zum verschobenen Start nach Wien?

Danke, Flug 402.

Teil VI: Nur Mut!

Jürgen Werth

Knöenn Sie das lseen?

»Afugrnud enier Stidue an der elingshcen Uävirestint Cmabrdige ist es eagl, in wlehcer Rienhnelfgoe die Bcuhtsbaen in eniem Wrot sethen. Das eniizg Wcihitge ist, dass der estre und der lzette Bsthucabe am rcihgiten Paltz snid. Den Rset knan man dnan onhe Polbrmee lseen. Das ghet dseahlb, wiel das mnehcschile Geihrn nciht jdeen Bschutbean ezleinn liset, sodnern das Wrot als Gnaezs.«

Alles verstanden? Nein? Dann schauen Sie unten nach. Wenn Sie's aber verstanden haben – erstaunlich, oder? Warum streiten wir eigentlich über das Thema Rechtschreibreform?

Mir kam bei diesem Experiment noch ein anderer verwegener Gedanke. Gleicht unsere Lebensgeschichte nicht allzu oft dem scheinbaren Durcheinander der Wörter oben? Unsere Lebensgeschichte und erst recht die Weltgeschichte? Kaum ein Buchstabe am richtigen Platz! Kaum etwas da, wo es hingehört! Aber wenn der erste und der letzte Buchstabe stimmen, macht jedes Wort Sinn. Wird jedes einzelne Kapitel Geschichte sinnvoll.

Der erste und der letzte Buchstabe – das ist in der Bibel ein Bild für Christus. Er ist A und O, Alpha und Omega, »der Erste und der Letzte«, Anfang und Ende der Welt, Ursprung und Ziel unseres Lebens, Schöpfer und Erlöser. Alles ist eingerahmt von seiner Macht und von seiner Liebe, von seiner Kreativität und von seiner

Menschenfreundlichkeit. Und macht so Sinn. Selbst im scheinbaren Unsinn.

Das ist Trost und Hoffnung für unser Leben. Und es ist die Überlebensperspektive für unsere Welt.

Und hier nochmals im Klartext: »Aufgrund einer Studie an der englischen Universität Cambridge ist es egal, in welcher Reihenfolge die Buchstaben in einem Wort stehen. Das einzig Wichtige ist, dass der erste und der letzte Buchstabe am richtigen Platz sind. Den Rest kann man dann ohne Probleme lesen. Das geht deshalb, weil das menschliche Gehirn nicht jeden Buchstaben einzeln liest, sondern das Wort als Ganzes.«

Ulrich Eggers

Mut zum Aufstehen

Ich bin mir nicht mal sicher, ob ich mich an seinen Namen noch richtig erinnere. Groß war er, kräftiger Körper mit freundlich-versonnenem Kindergesicht. Ein sportlicher Typ Ende zwanzig, Basketballer und als Missionar aktiv unter den Surfer-Kids oben am Great Barrier Reef. Er gehörte zu meiner Kleingruppe bei dieser Tagung und vermutlich hieß er Geoff. Ich hatte ihn noch gar nicht so richtig wahrgenommen – bis zu diesem Abend, an den ich mich wohl immer erinnern werde.

Es war nach einem der Referate im Saal des alten viktorianischen Colleges, in dem wir uns trafen. Wir hatten gerade ein Lied gesungen, als Geoff plötzlich aufstand und nach vorne ging. An den eher peinlich berührten Blicken des Moderators und anderer Verantwortlicher war zu erkennen, dass dies jetzt nicht zum geplanten Programm gehörte. Geoff stellte sich ans Mikrofon und fing etwas unsicher an zu reden. Die Aussagen des Referenten seien ihm sehr nahe gegangen und er fühle sich gedrängt, uns eines seiner Lieblingslieder zu singen, weil es vielleicht etwas beitragen könne zu diesem Abend.

Völlige Stille im Raum. Leicht panische Blicke bei den Tagungsleitern. Nervosität – was nahm sich dieser Typ da heraus? Was würde jetzt kommen? Konnte oder sollte man ihn vielleicht noch von seiner Idee abhalten? Konnte das etwas werden, a cappella, ohne Begleitung, allein vor 250 Leitern aus verschiedenen christlichen

Werken, die zu dieser Tagung zusammengekommen waren?

Und dann begann Geoff zu singen. Schon nach den ersten Worten gewann seine noch etwas belegte Stimme Klarheit und Festigkeit. Volltönend und stark klangen die Worte des alten Kirchenliedes zu uns herüber: »When I survey the wondrous cross ...« Mit Kraft und zugleich mit einer intensiven Zartheit sang Geoff in scheinbarer Ruhe alle Strophen durch, und wir Zuhörer lauschten ihm in fast atemloser Stille. Kaum einer von uns hätte vermutlich diesem eher etwas rau und verschlossen wirkenden Hünen vorher zugetraut, sein Herz so offen zu legen. Tief drangen Worte, Melodie dieses Liedes und die Schönheit von Geoffs Stimme in uns ein, und am Ende standen nicht nur mir Tränen in den Augen. Was für ein überraschendes Geschenk! Ich fühlte mich gesegnet und reich durch diesen Moment, in dem einfach einer seine Liebe und Hingabe herausgesungen hatte. Sein Mut, auf diese *Einflüsterung* Gottes einzugehen, hatte uns alle berührt.

Heute erinnere ich mich nicht mehr an das Thema des Abends. Aber ich erinnere mich noch immer an dieses Lied und seinen Sänger. Ich höre die Worte und sehe die Situation vor meinem inneren Auge. Und ich fühle noch sehr lebendig, was es mir damals bedeutete, dass mir jemand fernab von zu Hause auf der anderen Seite des Erdballs Gott ins Herz gesungen hat.

Stormie Omartian

Für den »Dschungel des Lebens« ausgerüstet sein

Herr, ich weiß, dass es nicht darauf ankommt, wo wir uns befinden, sondern wer bei uns ist. Wenn ich also einmal meine gewohnte Umgebung oder Vertrautes zurücklassen muss, um Neuland zu betreten, dann erinnere mich daran, dass du bei mir bist und mich niemals verlassen oder aufgeben wirst. Danke, dass du in der Vergangenheit für meine Bedürfnisse gesorgt hast und mich auch in der Zukunft versorgen wirst, wie du es in deinem Wort versprochen hast.

Bittet, und ihr werdet erhalten, um was ihr gebeten habt. Sucht und ihr werdet finden. Klopft an, und die Tür wird euch geöffnet werden. Denn wer bittet, wird erhalten. Wer sucht, wird finden. Und die Tür wird jedem geöffnet, der anklopft.

Matthäus 7,7-8

STOPP

Wenn Gott mächtig genug ist, die Sonne zu entzünden,
ist er dann wohl mächtig genug, auch Ihren Weg hell zu machen?

Binder, Karl-Heinz: Flug 402, in: Nachdenkliches für Vielbeschäftigte. Erfahrungen eines Managers, R. Brockhaus Verlag 1991.

Bleier, Bianka: Ein halbleeres Glas ist auf jeden Fall positiv, in: Notizen aus dem prallen Leben, R. Brockhaus Verlag 2006.
– Wenn der Glaube wankt, ebd.

Eggers, Ulrich: Mut zum Aufstehen, in: Überrascht von Gott. Auf dem Weg zu einem heilenden Vertrauen, R. Brockhaus Verlag 2007.

Eichler, Astrid: Allein für alles – und das für immer?, in: Gott hat gewonnen. Unsere Grenzen sind seine Möglichkeiten, R. Brockhaus Verlag 2007.

Gralle, Albrecht: Das nur nebenbei, in: Ich bin's nur – Gott! Unverschämte Gespräche mit meinem Schöpfer, R. Brockhaus Verlag 2006.
– Badewanne und Sonnenaufgang, ebd.
– Schokoladenkrümel, ebd.

Guiness, Os: Zur Gemeinschaft berufen, in: Von Gott berufen – aber zu was? Wissen, für was es sich zu leben lohnt, Hänssler Verlag 2002.
– Lichtstrahlen Gottes, ebd.

Liguori, Alfons Maria von: Gebet als Ausdruck der Freundschaft mit Gott, in: ders., Vertrauliche Zwiegespräche mit Gott © Verlag Neue Stadt, München, 1989, S. 15.

Omartian, Stormie: Für den Dschungel des Lebens ausgerüstet sein, in: 365 Gebete, die stark machen, R. Brockhaus Verlag 2007.

Siebald, Manfred: In deinem Haus bin ich gern, Vater, in: Gib mir den richtigen Ton. Lauter Liedergeschichten, Hänssler Verlag 2006.
– Höchsterbauliche Gedanken, ebd.
– Kreu zwor trätsel, ebd.

Steinacker, Hans: Gastfreundschaft, in: Ders. (Hg.): Fundsachen. Ein Sammelsurium aus dem Reich Gottes, Hänssler Verlag 2007.
– Sonntagskapital, ebd.
– Ökumene, ebd.
– Rezession, ebd.
– Identität, ebd.

Stoll, Gerdi/Kley, Sabine: Ich habe da noch eine Frage, Maria, in: Maria und Marta. Die zwei Seiten jeder Frau, Hänssler Verlag 2007.
– Herr, mache mich bereit, eine Empfangende zu sein, ebd.

Weingärtner, Linolfo: Sorgen abgeben; aus: ders., Wer gesehen hat, muss schreien. Neue Betrachtungen und Gedichte aus Brasilien © Erlanger Verlag für Mission und Ökumene, 1990, S. 22.

Werth, Jürgen: Möhren, Eier und Kaffeebohnen, in: Leise Töne gegen den Lärm. Geschichten über Gott und seine Welt, R. Brockhaus Verlag 2007.
– Knöenn Sie das lseen?, ebd.
– »Ich muss Gott sein«, in: Der Engel auf der Autobahn. Gewöhnliche und ungewöhnliche Geschichten und Erfahrungen, R. Brockhaus Verlag 2004.
– Gefüllte Zeit, in: Leben ist ein weites Land, R. Brockhaus Verlag 2004.
– Aufatmen, ebd.
– Ausgebrannt in Dallas, in: Und jeden Tag erfindet Gott das Leben neu. Persönliche Geschichten, persönliche Lieder, R. Brockhaus Verlag 2008.
– Gimme a jump, ebd.

Zenetti Lothar, Auf Seiner Spur. Texte gläubiger Zuversicht (Topos Plus 327) © Matthias-Grünewald-Verlag der Schwabenverlag AG Ostfildern, 4. Auflage 2006.